Manual de ejercicios y de laboratorio
to accompany

CONTIGO

**ESSENTIALS OF SPANISH
THIRD EDITION**

Oscar Ozete
University of Southern Indiana

Sergio D. Guillén
Emeritus, Anderson University

Holt, Rinehart and Winston
Harcourt Brace College Publishers
Fort Worth   Philadelphia   San Diego   New York   Orlando   Austin   San Antonio
Toronto   Montreal   London   Sydney   Tokyo

Copyright © 1995, 1991, 1987 by Holt, Rinehart and Winston, Inc.

All rights reserved. No part of this publication may be reproduced or transmitted in any form or by any means, electronic or mechanical, including photocopy, recording or any information storage and retrieval system, without permission in writing from the publisher.

Although for mechanical reasons all pages of this publication are perforated, only those pages with a Holt, Rinehart and Winston, Inc. copyright notice are intended for removal.

Requests for permission to make copies of any part of the work should be mailed to: Permissions Department, Harcourt Brace & Company, 6277 Sea Harbor Drive, Orlando, Florida 32887-6777.

Address for Editorial Correspondence:
Harcourt Brace College Publishers
301 Commerce Street, Suite 3700
Fort Worth, TX 76102

Address for Orders:
Harcourt Brace & Company,
6277 Sea Harbor Drive
Orlando, FL 32887-6777
1-800-782-4479 or 1-800-433-0001 (in Florida)

Printed in the United States of America

Library of Congress Catalog Card Number: 94–74186

ISBN: 0-15-501077-8

5 6 7 8 9 0 1 2 3 4   066   9 8 7 6 5 4 3 2 1

CONTENIDO

Preface v

MANUAL DE EJERCICIOS

CONVERSACIÓN DIARIA	A	**Las presentaciones y la clase**	3
CONVERSACIÓN DIARIA	B	**Los saludos y la familia**	7
CONVERSACIÓN DIARIA	C	**El tiempo y el calendario**	11
CONVERSACIÓN DIARIA	D	**La hora y el horario**	15
CONVERSACIÓN DIARIA	E	**Los deportes**	19
LECCIÓN	1	**Los oficios**	23
LECCIÓN	2	**El hogar y los muebles**	29
LECCIÓN	3	**La salud y el cuerpo**	35
LECCIÓN	4	**De compras**	41
LECCIÓN	5	**En el aeropuerto**	49
LECCIÓN	6	**En el hotel**	55
LECCIÓN	7	**En el mercado**	63
LECCIÓN	8	**En el restaurante**	71
LECCIÓN	9	**Por teléfono**	79
LECCIÓN	10	**En la agencia de turismo**	87
LECCIÓN	11	**En el banco y en el correo**	95
LECCIÓN	12	**Las fiestas y las diversiones**	103
LECCIÓN	13	**Los problemas sociopolíticos**	111
LECCIÓN	14	**Las obras maestras**	121

MANUAL DE LABORATORIO

CONVERSACIÓN DIARIA	A	**Las presentaciones y la clase**	**131**
CONVERSACIÓN DIARIA	B	**Los saludos y la familia**	**135**
CONVERSACIÓN DIARIA	C	**El tiempo y el calendario**	**139**
CONVERSACIÓN DIARIA	D	**La hora y el horario**	**143**
CONVERSACIÓN DIARIA	E	**Los deportes**	**147**
LECCIÓN	1	**Los oficios**	**151**
LECCIÓN	2	**El hogar y los muebles**	**157**
LECCIÓN	3	**La salud y el cuerpo**	**161**
LECCIÓN	4	**De compras**	**165**
LECCIÓN	5	**En el aeropuerto**	**171**
LECCIÓN	6	**En el hotel**	**175**
LECCIÓN	7	**En el mercado**	**179**
LECCIÓN	8	**En el restaurante**	**183**
LECCIÓN	9	**Por teléfono**	**187**
LECCIÓN	10	**En la agencia de turismo**	**193**
LECCIÓN	11	**En el banco y en el correo**	**197**
LECCIÓN	12	**Las fiestas y las diversiones**	**203**
LECCIÓN	13	**Los problemas sociopolíticos**	**207**
LECCIÓN	14	**Las obras maestras**	**211**

ANSWER KEY TO THE *MANUAL DE EJERCICIOS*   **215**

ANSWER KEY TO THE *MANUAL DE LABORATORIO*   **243**

PREFACE

This *Manual de ejercicios y de laboratorio* is designed to accompany the third edition of *Contigo: Essentials of Spanish*. It is actually two books in one: the *Manual de ejercicios*, the workbook, and the *Manual de laboratorio*, the laboratory manual. Both components are coordinated chapter by chapter with the main textbook and are intended to review, reinforce, and enrich the vocabulary, grammatical points and cultural background presented in *Contigo*. The answers to the exercises are to be found in the answer key at the end of the manual.

The *Manual de ejercicios* contains a wide variety of communicative and more traditional written activities. The successful completion of these workbook exercises is a key step in mastery of writing at this level of study of the Spanish language. The exercises proceed in difficulty from closed activities emphasizing specific vocabulary and grammatical structures at the beginning of each chapter to compositions and translations at the end of the chapter.

The *Manual de laboratorio* provides practice in listening comprehension, speaking, and pronunciation. It is designed to be used in conjunction with the audio tape program of *Contigo*. Within each section, the exercises are graded for level of difficulty in listening and speaking practice. The voices on the tapes are from a variety of native speakers from different countries. The complete tapescript is available upon request from the publisher.

The authors would like to thank Jeff Gilbreath of Holt, Rinehart and Winston and Lupe Garcia Ortiz for their efforts in editing this material; we sincerely appreciate their assistance and insightful comments.

Oscar Ozete
Sergio D. Guillén

Manual de ejercicios

NOMBRE _____ FECHA _____ CLASE _____

Conversación diaria A
Las presentaciones y la clase

Números

A. *Several Latin American students are attending the* **Universidad Internacional.** *Write out the number each nationality represents.*

MODELO (2) **dos** peruanos

1. (11) _____ dominicanos
2. (9) _____ colombianos
3. (7) _____ peruanos
4. (3) _____ chilenos
5. (1) _____ ecuatoriano
6. (1) _____ guatemalteca
7. (30) _____ mexicanos
8. (15) _____ cubanos
9. (28) _____ puertorriqueños
10. (6) _____ bolivianos

Letreros (*Signs*)

B. *Write the sign that best corresponds to these situations. Refer to the signs below.*

ALARMA DE INCENDIOS (FUEGO)	CERRADO
ASCENSOR	PROHIBIDO FUMAR
CAJA	SALIDA

1. You're looking for the *exit.* _____
2. You note the store is *closed.* _____
3. You want to take the *elevator.* _____
4. You need to pay at the *cashier's desk.* _____
5. You *shouldn't smoke* here. _____
6. You see a *fire* alarm. _____

Palabras familiares (*Familiar Words*)

C. Las descripciones *You're trying to find a home for a male dog (**perro**) and a female cat (**gata**). Using the adjectives below, write three sentences in the affirmative and three in the negative describing each pet. Use a different adjective for each sentence and make sure the adjectives agree with the noun.*

activo,-a	bueno,-a	precioso,-a	paciente
tímido,-a	impulsivo,-a	horrible	inteligente
cómico,-a	violento,-a	cruel	obediente
delicado,-a	curioso,-a	terrible	valiente
afectuoso,-a	atractivo,-a	desobediente	indiferente

MODELO El perro es (**muy**) **afectuoso.** No es **violento.**

1. El perro es _____. No es _____.
2. _____. _____.
3. _____. _____.
4. La gata es _____. No es _____.
5. _____. _____.
6. _____. _____.

Objetos de la clase

D. *Name ten objects you see in the classroom. Use the words **el** or **la** as necessary.*

1. _____ 6. _____
2. _____ 7. _____
3. _____ 8. _____
4. _____ 9. _____
5. _____ 10. _____

Vocabulario / Expresiones

D. *You're putting together a list of useful expressions in Spanish. Write out the translation for the following:*

1. Good morning. Good afternoon. Good evening.

_____

NOMBRE _____ **FECHA** _____ **CLASE** _____

2. Hi, what's your name? (*familiar*)
   _____

3. Glad to meet you.
   _____

4. Likewise.
   _____

5. Are you (*fam.*) studious (*fem.*)?
   _____

6. I'm not very timid.
   _____

NOMBRE _____ FECHA _____ CLASE _____

Conversación diaria B
Los saludos (*Greetings*) y la familia

La familia

A. *Finish writing in the missing letters for the various family relationships.*

MODELO   los ab <u>u e l o s</u>

1. el ab ___ ___ ___ ___
2. la ab ___ ___ ___ ___
3. el pa ___ ___ ___
4. la m ___ ___ ___ ___
5. los pa ___ ___ ___ ___
6. el h ___ ___ ___
7. la h ___ ___ ___ ___ ___ ___
8. los t ___ ___ ___
9. la pr ___ ___ ___
10. los n ___ ___ ___ ___

La familia Ochoa

B. *Circle the correct word to describe Yolanda's family, as you met them in the textbook.*

La familia de Yolanda (es, somos) de Costa Rica, en la América Central. Ella° tiene (un, uno) hermano, Diego, y él° es (profesora, estudiante). Su abuela, Carmen, es (simpática, tímida). Yolanda tiene varios (primos, gatos). Su prima Conchita es (secretaria, profesora) y Fermín, el esposo de Conchita, es administrador. Su primo Juanito también es (estudiante, investigador).

she
he

C. *Now write a short description of your own family, using as many adjectives as possible.*

_____
_____
_____
_____

_____

_____

_____

_____

Números

D. *A few travelers need to convert* **kilómetros** *to* **millas** *(miles). Help them with an approximate answer, using the model below.*

MODELO   80 kilómetros
8̸0 × 6 = **cuarenta y ocho millas.** (50 miles to be exact)

1. 15̸0 k × 6 _____ millas.
2. 14̸0 k _____ millas.
3. 12̸0 k _____ millas.
4. 10̸0 k _____ millas.
5. 9̸0 k _____ millas.

E. *Several customers bought school supplies in a Los Angeles store. Write out how much they paid for their purchases in* **dólares** *($) and* **centavos** *(¢).*

cuadernos	$2.99
bolígrafos	1.25
lápices°	.28

pencils

MODELO   You see: dos bolígrafos y dos lápices
You write: **tres dólares y seis centavos** ($3.06)

1. dos bolígrafos y tres lápices: _____
2. tres bolígrafos y tres lápices: _____
3. dos cuadernos y un bolígrafo: _____
4. cinco lápices y un bolígrafo: _____
5. tres cuadernos y dos lápices: _____

NOMBRE _____ FECHA _____ CLASE _____

F. *Each customer above paid with a ten dollar bill. Write out what* **cambio** *(change) each got back.*

MODELO $10.00 – $3.06 =
             seis dólares y noventa y cuatro centavos

1. _____
2. _____
3. _____
4. _____
5. _____

Vocabulario / Expresiones

G. *Continue putting together your list of useful expressions in Spanish. Write out the translations for the following.*

1. How are things? How are you (*fam.*)?
   _____

2. So, so and you (*fam.*)?
   _____

3. Very well, thank you.
   _____

4. Until tomorrow.
   _____

5. What's your (*fam.*) telephone number?
   _____

6. I'm sorry.
   _____

7. Excuse me. (I'd like to pass by.)
   _____

8. Please.

NOMBRE _____ FECHA _____ CLASE _____

Conversación diaria C
El tiempo y el calendario
(*The weather and the calendar*)

Tiempo

A. *You're reporting the weather for different areas in the southwest. Look at the drawings and report the conditions there today. Write out the degrees in words.*

MODELO (rain) 52°F
Está lloviendo, cincuenta y dos grados

1. 98°F  _____

2. 15°F  _____

3. 59°F 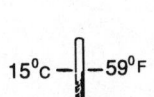 _____

4. 23°F  _____

B. Combine words from each column to describe the typical weather in the following cities.

Column A	Column B	Column C
Hace frío	febrero	Toronto, Canadá
Hace mucho calor	abril	Chicago, Estados Unidos
Hace fresco } en	julio } en	Buenos Aires, Argentina
Hace viento	octubre	La Paz, Bolivia
Llueve frecuentemente	diciembre	Ciudad Juárez, México / El Paso, Texas
Nieva frecuentemente		Santo Domingo, República Dominicana

Meses

C. Fill in the blanks with the months corresponding to each season.

el invierno	**la primavera**	**el verano**	**el otoño**
_____	_____	_____	_____
_____	_____	_____	_____
_____	_____	_____	_____
_____	_____	_____	_____

Fechas

D. Write out in words the dates for the following holidays.

MODELO November 2
el dos de noviembre (Día de los Difuntos: *All Souls' Day*)

1. January 1 _____ (Año Nuevo)

2. June 24 _____ (Día de San Juan)

3. September 16 _____ (Día de la Independencia, México)

4. December 25 _____ (Navidad)

E. Fill in the blanks with the missing days.

_____, el martes, _____, el jueves, _____,

_____, el domingo

NOMBRE _____ FECHA _____ CLASE _____

Los números

F. Write out the prices for each item.

1. T.V. en color, remoto $187 _____
2. VCR, remoto $267 _____
3. Vídeo cámara 8mm $395 _____
4. Refrigerador $420 _____
5. Aire acondicionado $550 _____
   17.800 BTU
6. Computadora $679 _____
7. Teléfono celular $830 _____
   completo

A client from Spain wants the price in **pesetas** *for items 2, 5, and 7, above. Write out the amount in Spanish using* **100 pesetas** *per dollar, based on a particular day.*

2. VCR, remoto _____ pesetas.

5. Aire acondicionado _____ pesetas.

7. Teléfono celular _____ pesetas.

Gestos

G. Write the expression that best describes the drawing.

_____ _____ _____ _____

Vocabulario / Expresiones

H. *Write the translation in Spanish.*

1. How's the weather? _____

2. It's cloudy. _____

3. It is not hot. _____

4. What is the date? _____

5. Happy Birthday! ¡ _____

NOMBRE _____ FECHA _____ CLASE _____

CONVERSACIÓN DIARIA D
La hora y el horario
(*Time and schedule*)

¿Qué hora es?

A. Write out the time shown on the clocks below.

1.   PM
2.   AM
3.   AM
4.   PM
5.   PM

1. _____
2. _____
3. _____
4. _____
5. _____

¿A qué hora?

B. Look at the train departures (*Salidas*) below and answer the questions that follow in complete sentences. Note **hay** means **there is / there are**.

SALIDAS	
LUNES A VIERNES	SÁBADO Y DOMINGO
MADRID — SEVILLA	
5:45	_____
_____	6:30
9:00	_____
12:12	_____
_____	13:00
18:00	_____
_____	19:00
23:00	_____

1. ¿Cuántos trenes en total hay a Sevilla los lunes?
   _____

2. ¿A qué hora hay trenes el viernes por la tarde?
   _____

3. ¿A qué hora es el último tren los jueves?
   _____

4. ¿Cuántos trenes hay a Sevilla los sábados por la mañana?
   _____

5. ¿A qué hora es el primer tren el domingo?
   _____

Las materias

C. Write the name of the school subjects associated with each of the books listed below.

Materias: la biología   el español
            la computación   la ingeniería
            la contabilidad   la literatura francesa
            la economía   la medicina

Los libros:

1. *La inflación:* _____

2. *El motor eléctrico:* _____

3. *Obras de Balzac:* _____

4. *La teoría de Darwin:* _____

5. *La anatomía de la mano:* _____

6. *Programación PASCAL:* _____

7. *Débitos y créditos:* _____

8. *Contigo:* _____

NOMBRE _____ FECHA _____ CLASE _____

Universidad

D. *Underline the word that best completes each portion of the passage.*

Hoy es (1. hora, martes), quince de (2. enero, último). (3. Es, Son) las dos de la (4. primera, tarde). Es (5. verano, invierno) y hace mucho frío.

(6. Eres, Hay) varios estudiantes en la (7. biblioteca, pizarra) de la universidad. Los estudiantes son de diferentes (8. estaciones, facultades): comercio, ciencias políticas, filosofía y (9. jueves, letras).

Lidia estudia° varias (10. materias, gracias) y Geraldo Luis estudia (11. lluvia, química).   *studies*
Los dos son buenos (12. días, amigos).

Vocabulario / Expresiones

E. *Translate into Spanish.*

1. Do you (*fam.*) have classes today?
   _____

2. Yes, I have Spanish and mathematics.
   _____

3. At what time is your first class?
   _____

4. It's at eight-thirty in the morning.
   _____

5. Are there many students in your (*tu*) Spanish class?
   _____

6. Yes, there are...
   _____

NOMBRE _____ FECHA _____ CLASE _____

Conversación diaria E
Los deportes

A. Write in Spanish the sport associated with the names below.

1. Los Yánquis y Los Padres _____
2. Los Delfines y Los 49ers _____
3. Los Toros de Chicago _____
4. Wimbeldon, Inglaterra _____
5. Aspen, Colorado (la nieve) _____
6. Jack Niklaus y Lee Treviño _____
7. La NHL (deporte de invierno) _____

B. Finish writing in the missing letters from these sports terms.

1. la na __ __ __ __ __ __
2. el ci __ __ __ __ __ __
3. el ja __ a __ __ __
4. el pa __ __ __ __ __

5. la ju __ __ __ __ __ __
6. el e __ __ __ __ __ __
7. los de __ __ __ __ __ __

¿Te gusta(n)...?

C. You're asking and answering questions about **likes** and **dislikes**. Use the items below and answer no less than three questions in the negative.

MODELO   los deportes
   ¿Te gustan los deportes?
   Sí, me gustan los deportes
   (No, no me gustan los deportes.)

1. los partidos de béisbol _____

_____

2. los equipos de fútbol norteamericano _____

_____

3. el boxeo _____

_____

4. el voleibol _____

_____

5. los bolos _____

_____

6. jugar al ráquetbol _____

_____

7. nadar _____

_____

¿Qué deportes le gustan al hispano?

D. Look over the list of words. Then fill in the blanks, using the words that best complete the passage.

bicicletas	corridas	México
calor	deportes	primavera
el Caribe	entusiasmo	Sudamérica
carros	España	toros

El hispano participa en muchos _____ con mucho _____.

El béisbol es muy popular en _____ y en _____; el fútbol

(sóquer) es popular en México, _____ y en toda _____.

Al hispano le gustan también (*also*) las carreras de caballos, _____ y

_____ .

El espectáculo de las _____ es sensacional. En el otoño y en la

_____, cuando hace menos _____, los hispanos celebran

las corridas de _____.

NOMBRE _____ FECHA _____ CLASE _____

Colores

E. *Name the colors associated with these items.*

1. el elefante _____
2. el panda _____ y _____
3. el chocolate _____
4. el océano _____
5. la naranja (*orange*) _____
6. el semáforo (*traffic light*) _____, _____,

   y _____

Alfabeto

F. *Write the **letter** to match the name.*

1. efe   _____
2. jota   _____
3. uve   _____
4. equis _____
5. zeta   _____

6. hache   _____
7. ge   _____
8. i griega _____
9. eme   _____
10. cu   _____

G. *Name the letters that make up the names.*

MODELO   J–O–S–É   **jota–o–ese–e**

1. Y–O–L–I _____
2. H–U–G–O _____
3. E–V–A _____
4. T–O–Ñ–O _____
5. R–I–Q–U–I _____

Vocabulario / Expresiones

H. *Translate into Spanish.*

1. Do you like car races? _____
   _____

2. No, I don't like car races. _____
   _____

3. I like to play golf. I don't like to run. _____
   _____

4. What color is the car? _____

5. It's* yellow. It's not dark. _____
   _____

6. I have . . . hair and I have . . . eyes. _____
   _____

*Remember, don't translate *it*. Start with the verb **Es.**

NOMBRE _____ FECHA _____ CLASE _____

LECCIÓN 1
Los oficios (*Occupations*)

A. Trabajos Read what these people do and then fill in the blanks with the appropriate job title.

    profesor/a   comerciante internacional
    estudiante   banquero/a
    obrero   ingeniero/a

1. Marta: Trabajo en el Banco Popular. Soy _____

2. Miguel: Trabajo en una fábrica (*factory*). Soy _____

3. Alicia: Hablo español y portugués, y viajo frecuentemente a Sudamérica. Soy _____

4. Isabel: Estudio historia y psicología. Soy _____

5. Ana: Me gusta enseñar filosofía. Soy _____

6. Antonio: Mi título (*diploma*) en electrónica es de un instituto tecnológico. Soy _____

Sustantivos y artículos

B. Tell what specific items these people are looking for by adding the appropriate definite article.

MODELO   Dolores busca **el** bolígrafo negro.

1. María Carmen busca _____ número de teléfono.

2. Ellos buscan _____ asientos C5 y 6.

3. Busco _____ llaves de casa.

4. La profesora busca _____ mapa de Sudamérica.

5. Buscan _____ dirección de los Menéndez.

6. Buscamos _____ veinte dólares de Gisela.

Contracciones

C. Actividades de noche *Rodolfo is telling about his evening activities. Complete his narration by filling in the blanks with* **de, a,** *and the appropriate articles or contractions.*

Yo voy (1) _____ cine todos los sábados. Está en el centro (2) _____ ciudad, no muy lejos (*far*) (3) _____ Hotel Nacional y (4) _____ correo. El título (5) _____ película (*film*) de hoy es «Cantinflas en París». La película es (6) _____ ocho y media (7) _____ noche. Luego, voy (8) _____ discoteca. Finalmente regreso (9) _____ casa.

D. Un(os) / un(as) *Rewrite the sentences, changing the italicized portion from plural to singular or vice versa.*

MODELO   Necesito *unos asientos*.
Necesito un asiento.

1. Busco *unos papeles*.

   _____

2. Tomo *unas aspirinas*.

   _____

3. Estudiamos *una lección* del libro.

   _____

4. Pasan *un día* aquí.

   _____

5. ¿Compras *unos programas*?

   _____

NOMBRE _____ FECHA _____ CLASE _____

Pronombres como sujetos

E. ¡Bienvenidos! *Mr. and Mrs. González have arrived from Arizona to visit Concha and Benito Álvarez and their children, Tania and José, in Perú. Indicate which personal pronouns they would use to address each other in Spanish.*

1. Mr. Álvarez talking to Mr. and Mrs. González: _____

2. José talking to his sister: _____

3. Tania talking to Mrs. González: _____

4. Mrs. Álvarez talking about herself and her husband: _____

5. José talking to both his parents: _____

6. Mr. González talking about his wife and Mrs. Álvarez: _____

El presente de los verbos *-ar*

F. *Complete each sentence with the present tense of the verb that best fits the context.*

MODELO (llegar, regresar, escuchar)
Nosotros **escuchamos** el programa de música.

1. (regresar, tomar, llegar) Manuel _____ café varias veces al día.

2. (nadar, trabajar, preparar) Ellos _____ en un restaurante.

3. (caminar, necesitar, respetar) Mi hermanita y yo _____ en el parque.

4. (bailar, cocinar, enseñar) Carmen _____ inglés en una academia.

5. (comprar, llegar, cocinar) ¿Tú no deseas _____ en las tiendas del centro?

G. ¿Y yo? *Use the following verbs to write about your own daily activities.*

1. trabajar: _____
2. estudiar: _____
3. preparar: _____
4. tomar: _____
5. necesitar: _____
6. cocinar: _____

El verbo *ser*

H. *Write the city these people are from and what nationality they are. Also note what kind of people they are.*

MODELO María Luisa __es__ __de__ Lima. __Es__ peruana. __Es__ estudiosa.

1. Jaime _____ _____ Guadalajara. _____ mexicano. _____ estudioso.

2. Los Solís _____ _____ Santiago. _____ chilenos. _____ afectuosos.

3. ¿Tú _____ _____ Madrid? ¿_____ español? ¿_____ generoso?

4. Yo _____

Los verbos *ir* y *dar*

I. *Form questions and answer them accordingly.*

MODELO ¿adónde / ir (tú) / hoy?
¿Adónde vas hoy? Voy al centro.

¿cuándo / dar (Irma) / una fiesta?
¿Cuándo da Irma una fiesta? Da una fiesta el sábado.

1. ¿adónde / ir (Ud.) / luego? _____

2. ¿a qué tiendas / ir (Uds.) / ahora? _____

3. ¿a qué hora / ir (ellos) / a regresar? _____

4. ¿cuándo / dar (el profesor) / el examen de español? _____

5. ¿qué por ciento de propina (tip) / dar (tú) / en un restaurante? _____

NOMBRE _____ FECHA _____ CLASE _____

Vocabulario / Expresiones

J. Una descripción Write a brief description of yourself as if you were writing to a host family. Mention:

1. Your name and where you are from
2. What you like, how old you are and what your marital status is
3. What are you studying
4. What things you like to do and what things interest you

_____
_____
_____
_____
_____
_____

K. *Traduzca al español (*Translate into Spanish*).*

1. I speak English and Spanish.

   _____
   _____

2. Alonso needs some dollars.

   _____
   _____

3. They wish to study accounting, math, and computer science.

   _____
   _____

4. We are looking for a pharmacy.

   _____
   _____

5. Where are you going today?

   _____

   _____

6. What is the address of the restaurant?

   _____

   _____

LECCIÓN 2
El hogar y los muebles
(*Home and furniture*)

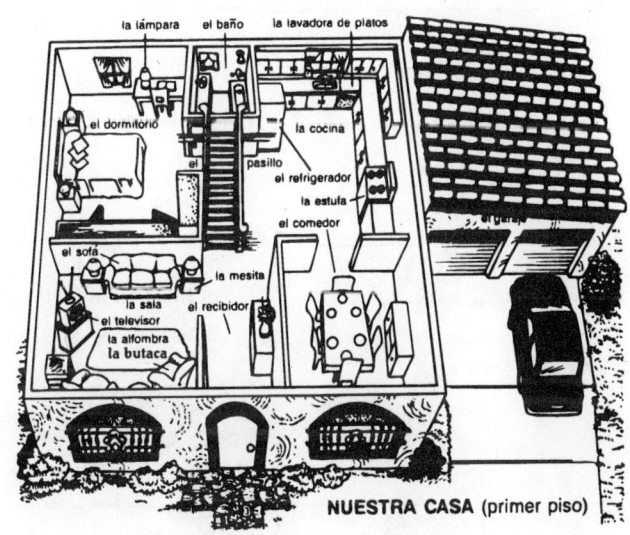

EL HOGAR DE LOS CARDONA

A. *Subraye* **C** *(cierto) o* **F** *(falso) según el hogar de los Cardona.*

1. La casa tiene cuatro dormitorios.   C   F
2. Hay una sola cama en el dormitorio.   C   F
3. Hay dos alfombras en el pasillo.   C   F
4. El baño está a la derecha (*to the right*) del comedor.   C   F
5. Hay un refrigerador en el comedor.   C   F
6. Hay una ventana en la cocina.   C   F
7. Hay espacio para dos coches en el garaje.   C   F
8. Hay mesitas en la sala y el dormitorio.   C   F
9. Hay una lavadora de platos en el baño.   C   F
10. La sala tiene chimenea.   C   F

El presente de los verbos -er, -ir

B. Complete each sentence with the correct Spanish form of the verb in parentheses.

1. (*to sell*) Los Santana _____ la casa.
2. (*to read*) Tú _____ portugués, ¿no?
3. (*to eat*) ¿A qué hora _____ Uds.?
4. (*to live*) (Yo) _____ en un apartamento.
5. (*to write*) Angela y yo _____ unas tarjetas.
6. (*should*) Ellos _____ regresar pronto.
7. (*to understand*) Papá no _____ bien las instrucciones, ¿verdad?
8. (*to see*) Uds. _____ la televisión, ¿no?
9. (*to run*) Me gusta _____ en el parque.
10. (*to open*) Los estudiantes _____ el libro en la página 52.

C. Answer in complete sentences.

1. ¿Dónde vive Ud.?

   _____

2. ¿Dónde desea Ud. comer?

   _____

3. ¿Qué leen Uds.?

   _____

4. ¿Cuándo abren (ellos) el correo?

   _____

5. Perdón, ¿qué páginas debo estudiar para (*for*) mañana?

   _____

NOMBRE _____ FECHA _____ CLASE _____

D. Las preguntas Rewrite the statements below as questions.

MODELO Andrea trabaja en el Banco Nacional.
     ¿Trabaja Andrea en el Banco Nacional?

1. Los Durán comen en casa.

2. Tú describes el problema correctamente.

3. El restaurante acepta cheques de viajeros.

4. Nosotros no recibimos cartas hoy.

5. Rogelio es mecánico.

E. Ignacio is an exchange student. Ask him questions that would elicit the information in italics.

MODELO Los Cardona son de Venezuela.
     ¿De dónde son los Cardona?

1. Me llamo *Ignacio Ramos*.

2. Vivo en *la Avenida Alhambra*.

3. Mi teléfono es *785-4621*.

4. Estudio *ingeniería*.

5. Asisto a clases *todos los días*.

   _____

6. Deseo conocer *a la profesora de inglés*.

   _____

La *a* personal

F. Néstor, el indeciso *Néstor can never decide where to put the personal **a**. Help him complete his sentences by placing **a** where necessary.*

Visito (1) _____ los tíos en La Paz una vez al año. Por la mañana leo (2) _____ los periódicos. Por la tarde, esperamos (3) _____ la prima Teodora para almorzar. Después escuchamos (4) _____ mi tío hablar de política y deportes. Por la noche busco (5) _____ Vicente para jugar al dominó. Es una vida (*life*) muy tranquila aquí en La Paz.

Saber y *conocer*

G. *Decide whether you should use ¿Sabes... ? or ¿Conoces... ? to form questions with the expressions below. Remember to use the personal **a** if needed.*

MODELO bailar **¿Sabes bailar?**

1. la lección de hoy _____
2. manejar (*to drive*) _____
3. la hermana de Rosalía _____
4. la hora _____
5. los países de la América Central _____
6. que mañana es el cumpleaños de Gustavo _____

   _____

7. el restaurante *Dos Amigos* _____

   _____

8. qué hora es _____

NOMBRE _____ FECHA _____ CLASE _____

9. la ciudad de Caracas _____

10. hablar inglés _____

Vocabulario / Expresiones

H. Translate into English the ad below that appeared in a newspaper from El Paso, Texas. Notice these words:

el enganche	down payment
facilidades	easy payments
la recámara	bedroom (México)

> Residencia $120,000 DLLS. 50% de enganche, resto facilidades; recámara principal, 22 pies X 21 pies, 2 *walk-in* closets y Jacuzzi de mármol para dos personas. 3 baños, sauna vapor, *den* con chimenea, sala, comedor, lavandería, garaje doble, intercomunicador y *wet bar*. Area Vista del Sol. Hablar al TEL. 4-65-38-92. Acepto ofertas razonables.

_____
_____
_____
_____
_____
_____
_____
_____
_____
_____

I. *Imagine you want to rent out (alquilar) your house or apartment. Prepare a newspaper ad describing the rooms and furniture. Refer to the previous ad and begin like this:* **Se alquila...**

_____
_____
_____
_____
_____
_____
_____
_____

J. *Translate into Spanish.*

1. Where should I wait for the students?
   _____

2. We listen, speak, read, and write in Spanish class. We learn a lot (much).
   _____
   _____

3. Why don't you (*tú*) see Professor Flores? She knows how to explain (*explicar*) the problem. Agreed.
   _____
   _____

LECCIÓN 3
La salud y el cuerpo

A. El cuerpo humano *Identify each part of the body and write the word with the appropriate definite article on the line below.*

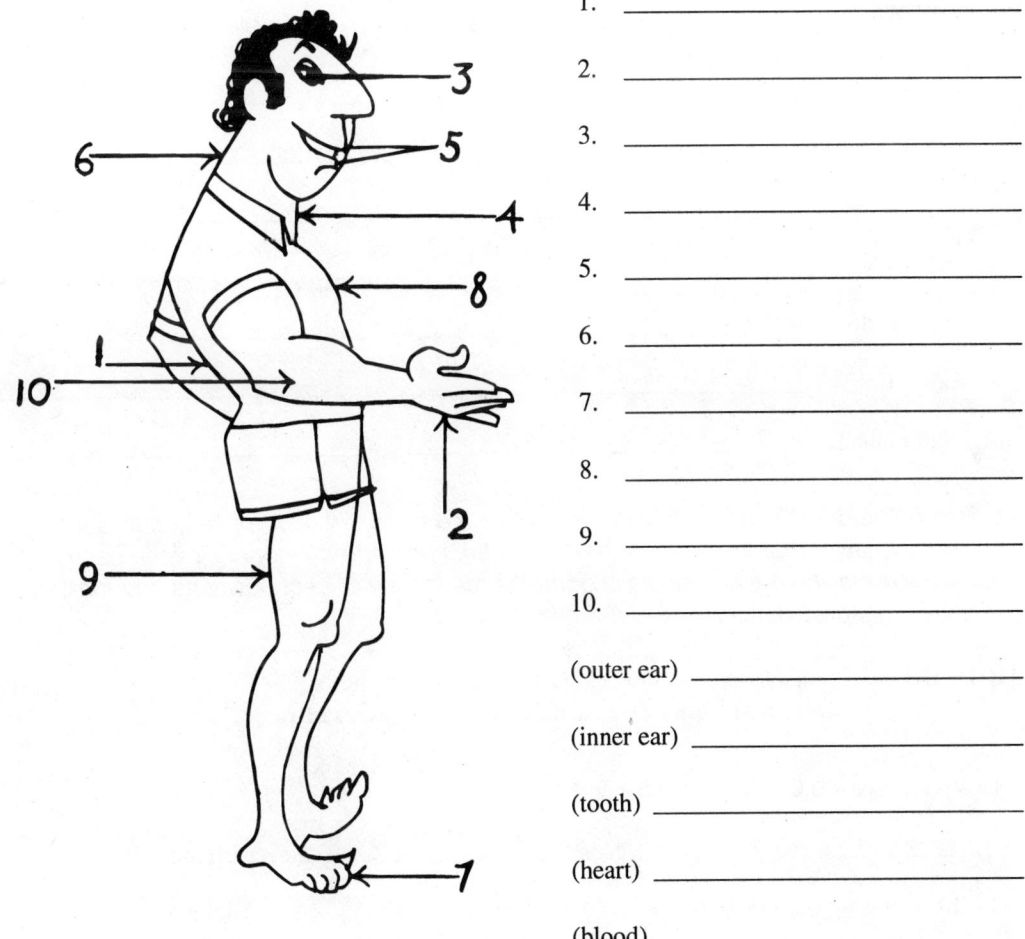

1. _____
2. _____
3. _____
4. _____
5. _____
6. _____
7. _____
8. _____
9. _____
10. _____

(outer ear) _____

(inner ear) _____

(tooth) _____

(heart) _____

(blood) _____

Los adjetivos

B. Asociaciones *As an experiment for her psychology course, Dora is giving her friends a list of adjectives to associate with a list of nouns (**sustantivos**). Do the experiment, picking no less than three adjectives that could be associated logically with each noun. Make sure the adjectives agree with their nouns (masculine or feminine, singular or plural).*

MODELO el profesor: **trabajador, gracioso, dinámico**
Adjetivos: alto / guapo / feo / rico / trabajador / perezoso / fácil / difícil / joven / viejo / triste / contento / hablador / grande / simpático / serio / francés / mexicano / nuevo / ocupado / abierto / casado / limpio / pequeño / azul / aburrido / soltero / dinámico / interesante / verde

Sustantivos:

1. el profesor: _____
2. la universidad: _____
3. las amigas: _____
4. las clases: _____
5. los asientos: _____
6. la vida: _____
7. mi familia: _____

C. *Remember that descriptive adjectives follow the noun. By contrast, adjectives that specify quantity or that are used for dramatic effect precede the noun. Rewrite each sentence by placing the adjectives in parentheses in their correct positions and making the necesary agreements.*

MODELO (mucho, interesante) García Márquez escribe libros.
García Márquez escribe muchos libros interesantes.

1. (otro, español) Cecilia es estudiante.

   _____

2. (tres, aburrido) Ella lee artículos.

   _____

3. (bueno [*emphatic*], salvadoreño) Conrado es mi amigo.

   _____

NOMBRE _____ FECHA _____ CLASE _____

4. (vario, desocupado) Hay mesas aquí.

_____

5. (poco, de ladrillo) Construyen casas en el campo.

_____

Ser y estar

D. Underline the form of **ser** or **estar** that best fits the context.

1. La salida (es, está) a la derecha.
2. Ellas (son, están) buenas amigas.
3. La mesa (es, está) sucia.
4. ¿De quién (son, están) las llaves?
5. El banco (es, está) al lado del mercado.
6. Nosotros (somos, estamos) un poco enojados con Cristina.
7. ¿De qué (es, está) el sándwich? —De jamón (*ham*).
8. Tú (eres, estás) de la América Central, ¿no?
9. Yo voy a (ser, estar) enfrente del café a la una.
10. ¿Quiénes (son, está) ellos?

E. Mónica and Loreta are discussing Narciso, Mónica's husband. Fill in the blanks with the correct forms of **ser** or **estar**.

MÓNICA   Sabes que la vida con Narciso (1) _____ un dilema. Si deseo ir al cine, me contesta que (él) (2) _____ muy cansado.

Cuando deseo ir a las tiendas, dice (*says*) que (3) _____ ocupado. No sé qué pensar.

LORETA   ¡Narciso, ocupado! (4) _____ una excusa. Él no trabaja mucho. Creo que (5) _____ un perezoso incurable.

MÓNICA Sí, (6) _____ verdad, pero también él (7) _____ muy afectuoso.

Vocabulario / Expresiones

F. Está enfermo/a Write a dialogue in which a doctor tries to persuade her patient to go to the hospital. The patient tells all about his/her aches and pains (**tengo dolor de...**, **me duele/n...**), but is unsure about going to the hospital. Each character talks four times. Here's a beginning.

DOCTORA Usted está muy enfermo/a y debe ir al hospital.

PACIENTE ¡Ay, doctor/a _____

DOCTORA _____

PACIENTE _____

DOCTORA _____

PACIENTE _____

DOCTORA _____

PACIENTE _____

G. *Traduzca al español.*

1. Juliana and Emiliano are sick, aren't they?

2. What time is your (*tú*) appointment with the doctor?

3. Whose pen is it? —It's Ana's.

NOMBRE _____ **FECHA** _____ **CLASE** _____

4. What are the *fajitas* made of? —They're (made of) chicken (*pollo*).

   _____

   _____

5. Pardon me, where's the North American embassy (**embajada**)?

   _____

   _____

6. Miriam is (seems) sensitive today.

   _____

   _____

7. Mr. Quirantes is from Nicaragua, but he's in Miami now. He's a mathematics teacher.

   _____

   _____

8. The church is nearby, to the left.

   _____

   _____

9. Bless you! (To your health!)

   _____

   _____

> **REFRÁN** Ojos que no ven, corazón que no siente (*feel*).

NOMBRE _____ FECHA _____ CLASE _____

LECCIÓN 4
De compras (*Shopping*)

A. La ropa Write the name of each piece of clothing and include to whom it belongs. Remember to include the definite article.

MODELO   Eva   Las sandalias son de Eva.

1. Miguel _____

2. Paco _____

3. Conchita _____

4. el Señor Marrero _____

5. Sara _____

B. ¿Qué ponerse? Look at the accompanying drawings, then write a sentence listing the clothing and fabrics you would wear at the time or for the occasion depicted. Assume that you live in North America. You can choose from the list below and add any others.

blusa / falda / vestido / medias / calcetines / pantalones / traje / chaqueta / abrigo / sudadera / traje de baño / camiseta / cinturón / impermeable / sombrero / gorra / camisa / de seda / de algodón / de lana / de poliéster

MODELO   You see:

You write: **En febrero, me pongo pantalones, chaqueta, camisa y abrigo, todo de lana. Or. Me pongo unos pantalones de lana.**

1.

2.

3.

4.

5.

NOMBRE _____ FECHA _____ CLASE _____

Verbos con el cambio radical e ⇨ ie, o ⇨ ue

C. *Write the sentences below, substituting the italicized verb form with the correct form of the cued infinitive.*

MODELO   Yo *abro* la ventana. (cerrar)
   Yo cierro la ventana.

1. Él siempre lo *sabe* todo. (entender)

2. Los chicos *desean* irse. (querer)

3. La mujer *debe* llamar a su esposo. (preferir)

4. *Leo* en casa. (dormir)

5. Los señores Mora *comen* con nosotros. (almorzar)

D. *Write a sentence from the words below using any additional words to complete the thought.*

MODELO   El programa/comenzar/ocho/noche.
   El programa comienza a las ocho de la noche.

1. Brenda / recordar / dirección / los Ferrar / ¿no?

2. ¿Preferir / (tú) / ir / cine?

3. Nosotros / querer / conocer / Sr. Estrada.

   _____

   _____

4. ¿Cuánto / costar / camisetas / algodón?

   _____

   _____

5. Diana y Sonya / jugar / sóftbol / sábados.

   _____

   _____

Los pronombres reflexivos

E. *Decide whether or not the verb needs a reflexive pronoun, and then complete the sentence.*

1. Brígida _____ la ropa en la tienda. [probar(se)]
2. Nosotros _____ el carro. [lavar(se)]
3. Uds. _____ temprano, ¿no? [despertar(se)]
4. Tú no _____ el traje en la maleta, ¿verdad? [poner(se)]
5. Angelina _____ con Federico. [casar(se)]

F. Un día entre semana *Help Lázaro describe his daily activities by filling in the blanks with the present tense of the verb that best completes each statement.*

1. (Yo) _____ a las siete de la mañana. (preocuparse, levantarse, casarse)
2. (Yo) _____ la cara y los dientes. (acostarse, bañarse, lavarse)
3. (Yo) _____ la ropa. (ponerse, despertarse, acostarse)
4. (Yo) _____ a la mesa a desayunar. (llamarse, sentarse, comprarse)
5. Después (yo) _____ a la universidad. (irse, leerse, dormirse)
6. (Yo) _____ varias horas allí. (saber, permitir, estar)
7. A la una (yo) _____ con mis amigos en la cafetería. (almorzar, creer, probarse)

NOMBRE _____ **FECHA** _____ **CLASE** _____

8. Luego (yo) _____ al pingpong o al baloncesto con ellos. (tocar, bailar, jugar)

9. (Yo) _____ mucho con mis amigos. (divertirse, abrir, llegar)

10. Finalmente (yo) _____ a casa. (aprender, vivir, regresar)

G. Rewrite exercise F, but this time use the subject pronoun **él.**

1. _____
2. _____
3. _____
4. _____
5. _____
6. _____
7. _____
8. _____
9. _____
10. _____

El *se* impersonal

H. Give English equivalents of the following.

1. Se trabaja mucho aquí en el verano.
   _____

2. Se venden periódicos en el quiosco.
   _____

3. No se puede comer en la biblioteca.
   _____

4. ¿Se entra por (*through*) aquí o por allí?
   _____

5. Se prohibe pasar.
   _____

Vocabulario / Expresiones

I. Un reportaje   You are a reporter for the Spanish magazine **Interviú**, which is like **People** magazine in the United States. You have been assigned to interview the Spanish singer, Julio Iglesias. You know that your readers are interested in how he spends his leisure time. Make a list of ten questions you will ask him; for example, **¿eres soltero?, ¿con quién sales?, ¿vas a las discotecas?, ¿dónde te diviertes más?** Be creative.

1. _____
2. _____
3. _____
4. _____
5. _____
6. _____
7. _____
8. _____
9. _____
10. _____

J. *Traduzca al español.*

1. I want to try on the white pants and the blue shirt.

   _____

   _____

2. How much does the red cap cost? —It's very cheap.

   _____

   _____

3. We always get up at 6:30 a.m., have breakfast, and go to work.

   _____

   _____

NOMBRE _____ FECHA _____ CLASE _____

4. At what time do the guests (**los invitados**) begin to arrive?

   _____

   _____

5. Good afternoon, what can I do for you?

   _____

6. Do you prefer cotton, wool, or silk?

   _____

7. They intend to go to the theatre and then (afterwards) to the club.

   _____

   _____

8. Do you* like the leather jacket? It fits you* nicely (well).

   _____

   (*Use *Le*)

| **Refrán** | Lo que bien se aprende no se olvida. *(What is well learned is not forgotten.)* |

LECCIÓN 5
En el aeropuerto

A. *Julie is sharing her experiences at the airport. Choose the correct verb in parentheses and use the correct present-tense form. Make sure you have reviewed* **Lección 5** *in your textbook for new verbs and their forms.*

Soy Julie Miller, estudiante de intercambio. 1. Yo _____ al aeropuerto de
(*llevar, llegar*)

Bogotá. (Yo) 2. _____ en español y 3. _____ a vivir y
(*especializarse, ponerse*) (*ver, ir*)

estudiar unos meses en Colombia. (Yo) 4. _____ cola en la inmigración.
(*correr, hacer*)

El inspector de inmigración me 5. _____ «¡Adelante!» y él me
(*decir, mirar*)

6. _____ los documentos. (Yo) le 7. _____ mi
(*pedir, preguntar*) (*dar, encontrar*)

pasaporte y visa de estudiante. Después él me 8. _____ cuánto tiempo
(*pedir, preguntar*)

9. _____ estar en Colombia. (Yo) le 10. _____ que no
(*regresar, pensar*) (*contestar, volver*)

11. _____ exactamente porque 12. _____ que estudiar
(*conocer, saber*) (*creer, tener*)

unos meses y luego quiero 13. _____ un viaje por el país.
(*hacer, dar*)

Después el inspector quiere saber cuál 14. _____ mi dirección. Le
(*ser, estar*)

explico que yo 15. _____ con una familia en la capital. Entonces el inspector
(*dormirse, quedarse*)

me indica que todo 16. _____ en orden y que pase a la aduana.
(*ser, estar*)

El inspector de aduana me 17. _____ si tengo algo especial que
(*pedir, preguntar*)

18. _____. Le respondo que no, pero que (yo) 19. _____
(*pagar, declarar*) (*traer, comprar*)

unos libros y regalos. El inspector me informa que todo 20. _____ bien y que
(*ser, estar*)

(yo) 21. _____ cerrar las maletas. Le doy las gracias y (yo) 22. _____.
(*perder, poder*) (*quedarse, irse*)

Los adjetivos posesivos

B. *Rewrite the sentences below, substituting the italicized word with the one in parentheses. Make all necessary changes.*

MODELO   Mi *hermano* no está en casa. (hermanos)
Mis hermanos no están en casa.

1. Mis *padres* quieren ir al teatro. (madre)

2. Tu *prima* se divierte mucho. (primos)

3. Lo siento, pero no tengo sus *documentos*. (visa)

4. Nuestra *hija* se casa en junio. (hijo)

5. Nuestro *semestre* comienza a fines de agosto. (clases)

C. *Rewrite the following sentences twice, according to the model.*

MODELO   Los zapatos son de Elisa.
Son sus zapatos. Son los zapatos de ella.

1. Los pantalones son de Armando.

2. La bolsa es de Marisol.

3. La cartera es del Sr. Cabrera.

4. Las maletas son de los Osborne.

NOMBRE _____ FECHA _____ CLASE _____

D. *Answer the questions using the appropriate possessive adjective.*

1. Eugenio, ¿quieres ver mis fotos?

   _____

2. Sr. Fraga, ¿tiene Ud. sus llaves?

   _____

3. Beatriz y Sancho, ¿esperan Uds. a sus amigos?

   _____

4. Sebastián, ¿das un paseo con tu perrito?

   _____

5. Señores Carrillo, ¿buscan Uds. su coche?

   _____

Verbos con cambios *e ⇨ i*

E. *Fill in the blanks below with the correct form of* **pedir** *in order to ask and answer the questions.*

1. ¿Qué _____ (tú), pollo o pescado? (Yo) _____

2. ¿Qué _____ ellos, vino o jugo? _____

3. ¿Qué _____ Uds., ponche o champaña? _____

F. *Complete with the appropriate form of* **pedir** *or* **preguntar** *according to context.*

1. ¿Por qué no _____ tú cuánto cuesta el vino?

2. Creo que ellos _____ veinte dólares por el vino.

3. Bueno, entonces debemos _____ un refresco o un café, ¿de acuerdo?

4. Sí, pero primero voy a _____ si aceptan tarjetas de crédito aquí.

G. *Another way of asking "How are you?" is by using the verb* **seguir** *instead of* **estar***. Write the correct forms of* **seguir** *in the blanks below.*

1. ¿Cómo _____ Uds.? (Nosotros) _____ bien.

2. ¿Cómo _____ tus padres? _____ más o menos igual (*the same*).

3. ¿Cómo _____ (tú)? _____ trabajando como loco/a.

4. ¿Cómo _____ la profesora Lomas? _____ ocupada como siempre.

5. ¿Cómo _____ Ud.? _____ mucho mejor, gracias.

Verbos con la terminación -go

H. Si... (If . . .)   *If someone does something, you want to do it too. Fill in the blanks below, using the appropriate form of the verb in parentheses.*

MODELO   (venir) Si tú **vienes** aquí mañana, yo **vengo** también.

1. (salir) Si ellos _____ temprano, yo _____ temprano también.

2. (ponerse) Si tú _____ el suéter, yo _____ el suéter también.

3. (traer) Si Uds. _____ unos sándwiches, yo _____ unos también.

4. (hacer) Si Miriam y tú _____ unas galletitas, yo _____ unas también.

5. (decir) Si Marcelino _____ que no, yo _____ que no también

6. (venir) Si ellos _____ en bicicleta (*bicycle*), nosotros _____ en bicicleta también.

Expresiones con *tener*

I. *Pick the appropriate* **tener** *expressions to complete the sentences below.*

tener (mucho) frío, calor, miedo, sueño
tener (mucha) sed, hambre, razón, prisa
tener... años
tener que...
tener ganas de...

1. ¡Uf, qué calor hace! (yo) _____

2. ¡Brrr! ¿Por qué no baja el aire acondicionado? (nosotros) _____
_____

NOMBRE _____ FECHA _____ CLASE _____

3. Quico pide varios refrescos. Él _____
   _____

4. Señor Profesor, ¿debemos estudiar el vocabulario? Sí, Uds. _____
   _____

5. ¿Deseas dar un paseo? Sí, (*I feel like . . .*) _____
   _____

6. ¡Ajá! Yo sé que dices la verdad. Tú _____
   _____

7. Yo no cumplo (*turn*) veinte años hasta julio. Ahora yo _____
   _____

8. ¡Dios mío (*My goodness*), un tornado! Nosotros _____
   _____

9. ¡Caramba! Los muchachos quieren comer pollo, pescado, bistec, ensalada y galletitas.
   Ellos _____
   _____

10. Lo siento. No puedo hablar ahora. Necesito correr a clase. (yo) _____
    _____

Vocabulario / Expresiones

J. El viaje *Write a paragraph indicating that you feel like studying Spanish in South America. Mention (1) where and when you plan to travel (2) how long you are going to be there (3) what documents and tickets you need (4) with whom you want to stay (5) what you're going to do during the week and then on the weekends.*

_____
_____
_____
_____

LECCIÓN 5   Copyright © 1995 by Holt, Rinehart and Winston, Inc. All rights reserved.

K. *Traduzca al español.*

1. Welcome to the United States. How are you (*Uds.*)?

2. How long do you (*Uds.*) plan to be here?

3. We're going to stay a week with our family.

4. Move forward, please. You don't have to stand in line.

5. I say that (*que*) they are wrong (not right).

6. Don't worry! I'm careful when I drive (use *manejar*).

7. First, I'm packing my suitcases and afterwards I'm saying good-bye to my friends.

8. Here you (*Ud.*) have your claim checks, tickets and boarding pass. May it go well for you.

LECCIÓN 6
En el hotel

la habitación sencilla (single room)

A. Complete el nombre de cada cosa (thing) usando el dibujo de arriba.

1. la d ___ch ___
2. la b ___ ___ ___ ___ll ___
3. el i ___ ___d ___ ___ ___
4. el a ___ ___a
5. el r ___ ___ ___ ___ ___
6. la l ___´ ___ ___ ___ ___ ___
7. las c ___ ___ ___ ___ ___ ___
8. el aire a ___ ___ ___ di ___ ___ ___ ___ ___d ___
9. la c ___ ___ ___
10. el t ___ ___ ___´ ___ ___ ___

B. Usted quiere recordar la conversación de Ernesto en el hotel. Complete el resumen (summary) usando estas (these) palabras.

Bienvenido	hablando	piso
buscando	incluido	puede
encuentra	llegó	la recepcionista
está	moderados	una reservación
gracias	pidiendo	servirle

Ernesto Fernández 1. _____ de vacaciones en España. Él está 2. _____ con 3. _____ de un hotel de precios 4. _____. Ella le dice 5. «_____» al Hotel Encanto y le pregunta en qué puede 6. _____.

Ernesto le dice que tiene 7. _____ para hoy. Ella está 8. _____ pero no 9. _____ el nombre. Ernesto no está contento porque el escribió con anticipación, 10. _____ una habitación. Ella le explica que la carta no 11. _____ a sus manos, pero que le 12. _____ dar una habitación en el quinto 13. _____ y que el desayuno está 14. _____.

Entonces, Ernesto le da muchísimas 15. _____, y se despide de ella.

El presente progresivo

C. Abuela llama por teléfono y quiere saber qué están haciendo ahora sus hijos y nietos (grandchildren). Use las siguientes palabras para contestarle.

MODELO Rosendo / ver / la televisión
Rosendo está viendo la televisión.

1. Tomasita / hacer / la tarea

   _____

   _____

2. María Luz y Andrés / jugar a / las cartas

   _____

   _____

NOMBRE _____ FECHA _____ CLASE _____

3. Papá / dormirse / en la butaca

   _____

   _____

4. Mamá / leer / el periódico

   _____

   _____

5. yo / escuchar / música

   _____

   _____

Los adjetivos y pronombres demostrativos

D. *Escriba las oraciones de nuevo, sustituyendo la forma correcta del adjetivo demostrativo por la palabra en letra cursiva.*

MODELO   Venden *las* camisas azules. (este)
   Venden estas camisas azules.

1. No vamos a tomar *el* ascensor. (ese)

   _____

2. Prefiero bajar por *las* escaleras. (este)

   _____

3. *La* llave no abre la puerta. (ese)

   _____

4. Estoy leyendo *los* avisos. (este)

   _____

5. ¿Quieres cerrar *las* cortinas? (aquel)

   _____

E. *Su amigo/a le pregunta si varias cosas funcionan. Escriba Ud. las preguntas y contéstelas según el modelo.*

MODELO el aire condicionado
      amigo/a: **¿Funciona este aire?**
      Ud: **¿Ése? Sí, funciona bien.**

1. el televisor _____

2. las lámparas _____

3. el inodoro _____

4. los teléfonos _____

5. la ducha _____

El pretérito

F. *Escriba los verbos subrayados (underlined) en el pretérito para indicar lo que Ud. hizo (did) el lunes.*

MODELO Me *acuesto* a las once. **Me acosté...**

 El lunes me 1. despierto temprano. Me 2. levanto de la cama. Me 3. baño y me 4. lavo la boca. Después de vestirme, 5. bajo al comedor y 6. saludo a mi familia. 7. Desayuno cereal, café con leche y pan tostado. Luego 8. repaso la tarea y 9. practico bien el vocabulario para la clase de español.
 Por fin 10. manejo a la universidad. 11. Llego allí media hora después. 12. Estaciono el carro y 13. camino rápido a la clase 14. Entro a la clase y me 15. siento cerca de la pizarra. 16. Empiezo a hablar con mis amigos y 17. espero con mucho gusto a la profesora.

1. _____ 5. _____
2. _____ 6. _____
3. _____ 7. _____
4. _____ 8. _____

NOMBRE _____ **FECHA** _____ **CLASE** _____

9. _____ 14. _____

10. _____ 15. _____

11. _____ 16. _____

12. _____ 17. _____

13. _____

Los verbos -er, -ir

G. *Mencione lo que los Ayala, un matrimonio joven, hicieron (did) el sábado por la tarde. Use el pretérito.*

Los Ayala 1. <u>salen</u> a almorzar. 2. <u>Comen</u> en un restaurante italiano. 3. <u>Piden</u> una ensalada para dos y una pizza mediana. 4. Se <u>divierten</u> hablando de esto y lo otro. Luego 5. <u>vuelven</u> a su apartamento. Se 6. <u>visten</u> con ropa cómoda y 7. <u>corren</u> un poco por el parque. Después 8. <u>siguen</u> caminando hasta las tiendas cerca de su hogar. En una librería 9. <u>leen</u> unas páginas de los libros nuevos y en una tienda de discos 10. <u>oyen</u> los últimos *hits* musicales. Por fin 11. <u>suben</u> a su apartamento y 12. <u>duermen</u> un poco antes de continuar con su día.

1. _____ 7. _____

2. _____ 8. _____

3. _____ 9. _____

4. _____ 10. _____

5. _____ 11. _____

6. _____ 12. _____

H. *Escribe una composición de diez oraciones, describiendo sus actividades de ayer en la universidad. Usted puede responder a las siguientes preguntas: ¿**Cuándo llegó Ud. a la universidad?**, ¿**A qué clases asistió?**, ¿**A qué horas comenzaron y terminaron las clases?**, ¿**Invitó a un/a amigo/a para almorzar?**, ¿**Dónde almorzaron?**, ¿**Qué pidieron?**, etc.*

_____

_____

_____

_____

_____
_____
_____
_____
_____
_____
_____
_____
_____

I. Usted trabaja en el Hotel Continental. Lea la siguiente carta del Sr. Rojas y después contéstele, dándole la información que él pidió. Mencione que el hotel es de precios moderados y que los niños, hasta (up to) los 12 años, no pagan. Dígale también que se incluye desayuno continental.

---

15 de abril de 19—

Hotel Continental
1005 Walker Drive
Chicago, IL 60508
EE.UU.

Estimados señores:

Pienso estar de vacaciones en Chicago este verano con mi señora y tres hijos. Los muchachos tiene menos de catorce años. Favor de enviarme información sobre° los precios de las habitaciones dobles y los varios descuentos y actividades para niños.

° about

Atentamente,

Julio Rojas
Calle Princesa #362
28005 Madrid, España
FAX: 0-11-3-41-86-22-96

NOMBRE _____ FECHA _____ CLASE _____

_____
_____
_____
_____
_____
_____
_____
_____
_____
_____
_____

J. *Traduzca al español.*

1. Under whose name? _____

2. They're looking for Ernesto's reservation. _____

3. There's no hot water and the toilet is broken. _____

4. He asked for a single room with a private bath. _____

5. I took some pictures of those impressive places. _____

6. At times when I'm on vacation I drive to the mountains (*las montañas*) because they fascinate me very much.

7. We ate with Rita last night. She served some delicious *tapas:* pork sausage, ham, cheeses, olives and (Spanish) omelet.

NOMBRE _____ FECHA _____ CLASE _____

LECCIÓN 7
En el mercado

A. *Clasifique las siguientes comidas según* **condimentos, verduras, platos principales** *o* **postres** *(desserts).*

	Condimentos	Verduras	Platos principales	Postres
MODELO la pimienta	X			
1. el ajo				
2. el arroz con pollo				
3. el «mousse» de chocolate				
4. el orégano				
5. los frijoles				
6. el jamón asado				
7. la lechuga				
8. el pastel de manzana				
9. las chuletas de puerco				
10. el aceite de oliva				
11. el dulce de coco				
12. el pescado frito				
13. los garbanzos				
14. la canela				
15. las habichuelas				

El pretérito de los verbos irregulares: *ser/ir, dar, ver* (Primera parte)

B. *Escoja la forma del verbo que mejor complete la oración.*

1. (fuimos, dimos, hicimos) Ayer, nosotros _____ un paseo por el parque.

2. (Hizo, Fui, Fue) _____ mucho frío anoche.

3. (dieron, fueron, hicieron) Ellos _____ al supermercado esta mañana.

4. (diste, fuiste, viste) ¿No _____ tú la última película de Spielberg?

5. (Dieron, Fueron, Hicieron) ¿_____ Uds. la pregunta?

C. Escriba cinco oraciones en español usando formas de los verbos **ir** y **ser** en el pretérito. ¡Sea original!

MODELO   Fui camarero/a el verano pasado.

1. _____

2. _____

3. _____

4. _____

5. _____

D. Complete las oraciones con una forma del verbo **dar** en el pretérito. Use **dar prisa, dar de comer, dar las gracias, dar un paseo.**

1. El periquito tenía hambre, por eso yo le _____.

2. Hacía un tiempo precioso, por eso ellos _____.

3. Nola ayudó mucho a Aurelio, por eso él le _____.

4. Perdimos el autobús porque no nos _____.

El pretérito de los verbos irregulares (Segunda parte)

E. Sopa de pollo (Chicken soup)   Escriba el pretérito del verbo que mejor complete cada oración.

1. Ayer yo (poner, tener, recoger) _____ un día malo.

2. Para empezar, yo (llevar, seguir, querer) _____ levantarme, pero no (poder, bajar, romper) _____.

NOMBRE _____ FECHA _____ CLASE _____

3. Yo (recordar, hacer, estar) _____ en cama todo el día y (sentir, dormir, quitarse) _____ varias horas.

4. Luego yo (saber, conocer, tener) _____ que mi abuelita (aprender, tocar, venir) _____ a verme.

5. Ella me (traer, enfermar, perder) _____ una sopa de pollo muy deliciosa.

6. Por eso llamé a mi abuelita y le (ir, ver, dar) _____ las gracias.

7. También le (hablar, decir, creer) _____ que la quería muchísimo (*that I loved her very much*).

F. ¿Qué hice el viernes? *Describa quince de sus actividades el viernes pasado. Mencione los estudios, el trabajo, las diversiones y las comidas. Use el siguiente esbozo (outline).*

I. El viernes por la mañana...

1. _____
2. Luego _____
3. Más tarde _____
4. Entonces _____
5. Después _____

II. Por la tarde...

6. _____
7. Luego _____
8. _____
9. _____
10. _____

III. Por la noche...

11. _____
12. _____
13. _____
14. _____
15. _____

Comparaciones de desigualdad

G. Escriba dos oraciones para cada problema. Haga los cambios necesarios.

MODELO   Martina/ ser / más / trabajador / Adrián / menos / perezoso
Martina es más trabajadora que Adrián. Es menos perezosa que Adrián.

1. tú (fem.) / ser / más / prudente / yo / menos / agresivo

   _____

   _____

2. los Cruz / ser / más / divertido / los Salas / menos / aburrido

   _____

   _____

3. nosotros / ser / más / conservador / los Villanueva / menos / liberal

   _____

   _____

4. este / comida / ser / sabroso / ése / mejor

   _____

   _____

5. Beatriz / tener / más / calor / Hortensia / menos / frío

   _____

   _____

Comparaciones de igualdad

H. Escriba tres oraciones para cada problema. Haga los cambios necesarios.

MODELO   Petra / amable, fino, considerado / su hermano
Petra es tan amable como su hermano. Es tan fina como su hermano. Es tan considerada como su hermano.

1. Juliana / generoso, espléndido, hospitalario / Celestino

   _____

   _____

   _____

NOMBRE _____ FECHA _____ CLASE _____

2. los Chacón / responsable, comprensivo, cordial / los Aragón

   _____
   _____
   _____

3. este huracán / fuerte, destructivo, devastador / el del '89.

   _____
   _____
   _____

4. nosotros / aventurero, intrépido, determinado / ellos

   _____
   _____
   _____

I. *Indique que su amigo/a compró tantas comidas diferentes como Ud.*

Tú compraste...

MODELO   naranjas   **tantas naranjas como yo.**

1. manzanas _____
2. plátanos _____
3. arroz _____
4. tomates _____
5. jamón _____
6. cebollas _____
7. carne _____
8. pescado _____
9. ajos _____

Ponemos la mesa

J. Complete el nombre de cada cosa usando este dibujo.

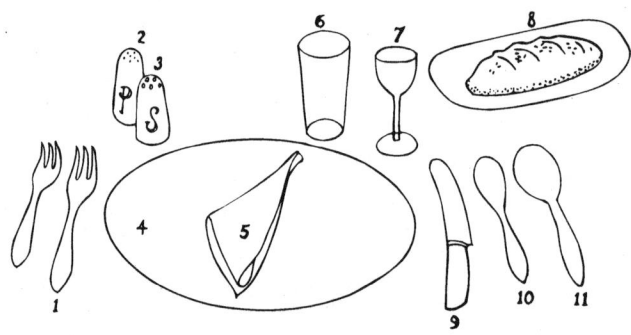

1. el t __ __ __ d __ __
2. la p __ __ __ __ __ t __
3. las s __ __
4. el p __ __ __ __
5. la s __ __ __ __ ll __ __ __
6. el v __ __ __
7. la c __ __ __
8. el p __ __
9. el c __ ch __ ll __
10. la c __ ch __ __ __ __ __
11. la c __ ch __ __ __

K. El almuerzo de Rodrigo Lea la narración y después traduzca al inglés las partes subrayadas (underlined).

Ayer <u>vine</u> a almorzar a casa a las dos más o menos, pero primero <u>fui</u> al mercado para
      (1)   (2)

comprar <u>vino y pan fresco.</u> También <u>traje</u> <u>queso blanco</u> porque me gusta muchísimo. Cuando
         (3)   (4)   (5)

llegué a casa <u>me lavé un poco</u> y luego <u>me senté a almorzar.</u> Primero tomé una <u>sabrosa sopa (soup)</u>
            (6)   (7)   (8)

<u>de ajos.</u> Después comí <u>pollo asado</u> con <u>puré de papas</u> y una ensalada de <u>lechuga</u> y tomates.
(9)   (10)   (11)

Entonces quise <u>probar</u> unas croquetas de <u>jamón,</u> pero <u>no pude</u> porque <u>almorcé</u> mucho. También
          (12)   (13)   (14)   (15)

<u>tuve que dejar</u> (leave) el postre para otro día. Más tarde <u>tomé</u> una tacita de café y <u>seguí</u>
(16)   (17)   (18)

<u>conversando</u> con mi familia. Finalmente <u>vi</u> el noticiero (news) de la televisión y <u>descansé</u> unos
(19)   (19)   (20)

minutos antes de regresar al trabajo.

NOMBRE _____ **FECHA** _____ **CLASE** _____

1. _____ 11. _____
2. _____ 12. _____
3. _____ 13. _____
4. _____ 14. _____
5. _____ 15. _____
6. _____ 16. _____
7. _____ 17. _____
8. _____ 18. _____
9. _____ 19. _____
10. _____ 20. _____

L. Ahora escriba la narración anterior en el pretérito, usando la tercera persona singular. Empiece así: **Ayer Rodrigo...** Subraye (Underline) todos los verbos.

_____
_____
_____
_____
_____
_____
_____
_____
_____
_____
_____
_____
_____
_____

Vocabulario / Expresiones

M. Traduzca al español.

1. Elisa is older than Jacobo. She's the oldest in the family.

2. Mrs. Arenas gave more than fifteen thousand dollars to the school. She's the most generous donor (*donadora*).

3. We didn't have to pay as much as Melisa and Catarino for (*por*) the dinner.

4. This pie (*pastel* [masc.]) is bad but that one is worse.

5. This food is less spicy than that one.

6. I need to buy a kilo of ham, half (*medio*) kilo of rice, two kilos of potatoes, a dozen oranges, bread and cheese.

LECCIÓN 8
En el restaurante

A. *Clasifique las siguientes cosas según* **carnes, frutas** *o* **bebidas.** *Repase los menús en la lección 8 del texto si es necesario.*

	Carnes	Frutas	Bebidas
MODELO la naranja		X	
1. el vino tinto			
2. el bistec			
3. la toronja			
4. el té helado			
5. el melocotón			
6. el pollo asado			
7. la cerveza			
8. el pavo			
9. el tocino			
10. los refrescos			
11. la piña			
12. el jugo de tomate			
13. el chorizo			
14. las uvas			
15. el puerco			
16. la leche			
17. el jerez			

B. Las quejas (Complaints) ¿Qué diría (would say) Ud. en estos casos? Ponga la **X** delante de la respuesta apropiada.

MODELO   It's not fresh. _____ no hace fresco; _X_ no es fresco

1. Your steak is underdone.

   _____ está crudo; _____ está asado

2. The dessert is too sweet for you.

   _____ está muy dulce; _____ está muy salado

3. The waiter serves you the wrong food.

   _____ no pregunté eso; _____ no pedí eso

4. You said scrambled (eggs), not fried.

   _____ dije revueltos y no fritos; _____ dije tibios y no escalfados

5. The food is cold by the time it's served.

   _____ es fría; _____ está fría

6. This is dirty.

   _____ esto está sucio; _____ esto está limpio

7. You want to say to someone "Good appetite!" or "Enjoy your meal!"

   _____ ¡Coma mucho! _____ ¡Buen provecho!

El imperfecto

C. Mi juventud (My youth) Escriba una respuesta completa para las siguientes preguntas.

1. ¿Dónde vivía de niño/a? ¿Cómo era su casa?

   _____
   _____

2. ¿Le gustaba ese lugar? ¿Qué le gustaba más de ese lugar? ¿Y qué menos?

   _____
   _____

NOMBRE _____ FECHA _____ CLASE _____

3. ¿Tenía muchos amigos? ¿Quién era su mejor amigo/a? ¿Cómo era él / ella?

_____

_____

4. ¿A qué jugaban Uds.?

_____

_____

5. ¿Iban mucho al cine? ¿Qué películas (*films*) preferían —las cómicas, las dramáticas o las musicales?

_____

_____

D. Mi Buenos Aires querido   *La abuelita Eva recuerda cuando de niña vivía en Buenos Aires. Complete su narración en el imperfecto, usando los verbos entre paréntesis.*

¡Qué bonito (1. ser) _____ Buenos Aires! Nosotros (2. vivir) _____ en una casa blanca con tejas (*roof tiles*) rojas. (3. haber—*present:* hay) _____ rosas y crisantemos alrededor de nuestra casa. Yo (4. asistir) _____ a una escuela donde (5. aprender) _____ inglés y español. Después de las clases, yo (6. caminar) _____ por las calles estrechas de la vieja ciudad e (7. ir) _____ a la plaza para comprar caramelos y pasteles. Nuestros tíos (8. pescar) _____ en la playa los fines de semana y nos (9. traer) _____ pescado fresco para la cena. ¡Ay, qué contentos (10. estar) _____ nosotros en esa casita!

Contrastes entre el pretérito y el imperfecto

E. ¿Pretérito o imperfecto? *Escriba las oraciones otra vez en el pasado. Decida entre el pretérito y el imperfecto según el contexto.*

1. Huberto *nace* en la ciudad de Rosario, Argentina.

_____

2. De niño *es* astuto y sociable.

3. Mientras Huberto *asiste* al instituto, él *conoce* a Corina un día en la clase.

4. Se *enamora* de Corina y se *casa* con ella.

5. Poco después se *mudan* a la capital porque...

6. ...allí ellos *conocen* a unos viejos amigos del instituto.

7. Huberto y Corina *abren* una tienda de ropa fina.

8. Al principio con los obstáculos ellos no *pueden* ganar dinero,

9. ...pero como *son* típicamente determinados no *quieren* [refused] abandonar la tienda.

10. *Saben* bien que dedicándose al trabajo con entusiasmo *pueden* triunfar [could triumph].

11. Un año después *comienzan* a prosperar mucho con la tienda.

12. Ese mismo año también *tienen* una hija preciosa y le *ponen* el nombre de Rosario.

NOMBRE _____ FECHA _____ CLASE _____

F. Una carta *Los Ortiz visitan la Argentina para una reunión. Alquilan (Rent) un carro en Buenos Aires para ir a Mar del Plata, donde se celebra la reunión. La señora Ortiz les escribe a sus hijos, y les describe el viaje a Mar del Plata. Complete Ud. la carta, usando el pretérito o el imperfecto de los verbos entre paréntesis. Refiérase al contexto de la carta para decidirse entre los dos tiempos.*

Queridos hijos,

(1. nosotros / divertirse) _____ muchísimo en el viaje a Mar del Plata el fin de semana pasado. (2. Alquilar) _____ un carro en una agencia, y (3. salir) _____ para allí muy temprano el viernes por la mañana. (4. tomar) _____ la autopista (*turnpike*), y pronto (5. comenzar) _____ a cruzar los inmensos campos argentinos. Todo (6. ir) _____ muy bien cuando de repente la manguera (*hose*) del radiador (7. romperse) _____. Imagínense, (8. nosotros / tener) _____ que estacionar el carro y llamar al mecánico. Mientras (9. nosotros / esperar) _____ al mecánico, (10. nosotros / decidir) _____ comprar unos jugos en un puesto (*stand*). ¡Qué frescos y sabrosos! Desde el puesto (11. nosotros / poder—*were able*) _____ contemplar la maravillosa vista de los campos fértiles. Igualmente fascinantes (12. ser) _____ las enormes estancias o ranchos.

Por fin, el mecánico (13. venir) _____ y (14. cambiar) _____ la manguera. (15. nosotros / seguir) _____ para Mar del Plata y (16. llegar) _____ allí varias horas después. (17. nosotros / ir) _____ directamente al hotel de la reunión. Mientras su papá (18. conversar) _____ con los colegas yo (19. dar) _____ un breve (*brief*) paseo por la playa.

Esa noche su papá y yo (20. asistir) _____ al banquete. (21. nosotros / comer) _____ una parrillada exquisita. Luego (22. bailar) _____ hasta muy tarde. Ríanse (*Laugh*) Uds., pues su papá (23. ganarse) _____ el premio del mejor bailador de tango.

Bueno, nada más por hoy. Cuídense (*Take care*) mucho. Besos (*Kisses*) y abrazos (*hugs*) de sus padres.

G. *Describa en unas diez oraciones un viaje que Ud. hizo. Escriba oraciones con el pretérito, con el imperfecto y con la combinación de los dos tiempos. Puede incluir estas expresiones:*

   con el imperfecto: **poco a poco, generalmente, como de costumbre, mientras...;**
con el pretérito: **de pronto, en seguida, (inmediatamente), el día anterior...**

Vocabulario / Expresiones

H. *Traduzca al español.*

1. Buenos Aires is as big as Chicago. The Argentinean capital has more than three million inhabitants (*millones de habitantes*).

2. While Amelia was in Buenos Aires she saw Mozart's opera *Don Giovanni* at the Teatro Colón. She liked that opera a lot.

3. Excuse me. I asked for onion soup, steak medium done, green beans and potatoes and not shrimp cocktail and lobster.

NOMBRE _____ FECHA _____ CLASE _____

4. Last night I tried to fall asleep (*dormirse*) but I couldn't. Later I found out that the coffee I drank was [description] not decaffeinated (*descafeinado*). _____

_____

_____

5. Our vacations generally lasted two weeks. We frequently stayed at hotels near the ocean. There we would swim, ski, and skin-dive (*bucear*) and have a good time with our family.

_____

_____

> **REFRANES** La mejor salsa es el hambre.
> Vino y amigo, el más antiguo.
> (*As for wine and friends, pick the oldest.*)

NOMBRE _____ FECHA _____ CLASE _____

LECCIÓN 9
Por teléfono

A. La llamada de Ted *Cuente (Tell) la conversación que Ted tuvo con Celso desde el punto de vista del pasado. Escriba los verbos indicados en el pretérito o el imperfecto según el contexto.*

Ayer Ted Morales 1. llama a Celso Vega por teléfono. Ted le 2. pregunta si ya 3. envía los tejidos que le 4. pide a principios del mes. Celso 5. está muy ocupado instalando una máquina nueva, y el trabajo se le 6. atrasa unos días. Ted le 7. dice que 8. comprende, pero que todavía 9. necesita el pedido con urgencia para evitar cancelaciones. Celso 10. calma a Ted en seguida y le 11. asegura (*assures*) que el pedido ya 12. sale para Dallas esa misma mañana.

1. _____   7. _____
2. _____   8. _____
3. _____   9. _____
4. _____   10. _____
5. _____   11. _____
6. _____   12. _____

B. *Imagínese que Ud. está en México y quiere llamar a los Estados Unidos* **por cobrar** *(a pagar allá). Complete estas instrucciones, subrayando (underlining) la mejor respuesta entre paréntesis.*

Lada 96 (Larga Distancia Automática)

a Estados Unidos de Norteamérica y Canadá

Lada 96 (1. me/te/le) da a usted la facilidad de (2. comunicarte/comunicarles/comunicarse) directamente con los Estados Unidos y Canadá. Ejemplo: Para comunicarse con un número (3. deseado/prohibido/cerrado) en Dallas, Texas sólo tiene (4. en/por/que) marcar:

96	+	214	+	555-7561
acceso Lada internacional		clave de área de Dallas		número deseado

Teléfono a teléfono por cobrar

Al (5. enviar / contestar / descansar) el número que usted (6. marqué / marcando / marcó), la operadora debe decir: «(7. Ésta / Ésa / Aquélla) es una llamada por cobrar, ¿(8. lo / la / le) acepta?» Además los (9. atractivos / últimos / únicos) datos complementarios que usted (10. espera / piensa / necesita) proporcionar son (11. tu / su / nuestro) nombre y el de la ciudad de (12. cuando / como / donde) usted llama.

Los pronombres de complemento directo

C. *Usted quiere saber si su amigo/a piensa hacer las siguientes cosas con Ud. Haga y conteste las preguntas, usando las palabras a continuación.*

MODELO ver / esta tarde
¿Me ves esta tarde?
Sí, (No, no) te veo esta tarde.

1. llamar / por teléfono _____

2. esperar / unos minutos _____

3. recoger / en casa _____

4. ayudar / con la tarea _____

5. invitar / al cine _____

D. En la oficina *Haga y conteste preguntas relacionadas con el trabajo de oficina. Use el pretérito y los pronombres apropiados.*

MODELO poder (tú) / terminar el trabajo
¿Pudiste terminar el trabajo?
Sí, (No, no) pude terminarlo *or* **Sí (No, no) lo pude terminar.**

1. poder (tú) / usar la computadora _____

NOMBRE _____ FECHA _____ CLASE _____

2. querer (tú) / ver al gerente _____

3. querer (Uds.) / examinar las cuentas _____

4. tener (tú) / que llamar a los clientes _____

5. tener (Uds.) / que enviar los pedidos _____

6. poder (Ud.) reparar / la máquina _____

Pronombres de complemento indirecto

E. Escriba las oraciones de nuevo. Incluya el complemento indirecto que corresponde a la frase entre paréntesis. Después traduzca las oraciones completas.

MODELO Él no envió el libro por correo. (a Octavio)
  a. Él no *le* envió el libro a Octavio por correo.
  b. He didn't send the book to Octavio by mail.

1. Armando mandó una invitación. (al dueño)

   a. _____

   b. _____

2. ¿Pudiste traducir la carta? (a mí)

   a. _____

   b. _____

3. Regalamos las revistas. (a ti)

   a. _____

   b. _____

4. Presté los casettes de música española. (a las profesores)

   a. _____

   b. _____

5. La compañía no quiso devolver el dinero. (a él)

   a. _____

   b. _____

F. *Usted necesita varias cosas de su amigo/a. Haga y conteste preguntas, usando las palabras a continuación.*

MODELO   prestar / el bolígrafo
               ¿Me prestas el bolígrafo?
               Sí, (No, no) te presto el bolígrafo.

1. traer / el diccionario _____

2. enseñar / la tarea _____

3. decir / las respuestas _____

4. regalar / el lápiz _____

5. dar / la calculadora _____

6. devolver / los informes _____

La combinación de dos complementos

G. *Usted tiene mala memoria hoy. Su amigo/a le recuerda que ya le dio las cosas que Ud. necesitaba.*

MODELO   ¿el bolígrafo? / prestar
               ¿El bolígrafo? Ya te lo presté.

NOMBRE _____ FECHA _____ CLASE _____

1. ¿el diccionario? / traer _____
   _____

2. ¿la tarea? / enseñar _____
   _____

3. ¿las respuestas? / decir _____
   _____

4. ¿el lápiz? / regalar _____
   _____

5. ¿la calculadora? / dar _____
   _____

6. ¿los informes? / devolver _____
   _____

H. *Imagínese que en vez de hablarle a Ud., su amigo/a le habla a su profesor/a. Repita la previa práctica en la forma formal.*

MODELO   ¿el bolígrafo? / prestar
             ¿El bolígrafo? Ya se lo presté.

1. _____
2. _____
3. _____
4. _____
5. _____
6. _____

Los pronombres indirectos con *gustar* y verbos similares

I. *Escriba las oraciones otra vez, usando la información entre paréntesis.*

MODELO   Me gusta el jai-alai, pero no me gusta el boxeo. (el béisbol / las corridas de toros)
             Me gusta el béisbol, pero no me gustan las corridas de toros.

1. Nos gusta la natación, pero no nos gusta la gimnasia aeróbica. (el fútbol / las carreras de auto)

   _____

2. ¿Te interesa la playa, pero no te interesan las montañas? (¿las islas / el desierto?)

   _____

3. Les parecen caros los pantalones, pero no les parece cara la camisa. (las sandalias / los zapatos)

   _____

4. Le gusta montar a caballo, pero no le gusta dar un paseo en barco. (viajar / los hoteles)

   _____

J. Mi lugar favorito *Escriba un párrafo de no menos de ocho oraciones donde describe el lugar (parque, costa, monumento…) que más le gusta a Ud. Diga dónde está, cómo es y por qué le gusta y le interesa tanto.*

_____

_____

_____

_____

_____

_____

_____

_____

_____

_____

Unas experiencias por teléfono

K. *Lea los problemas que José Luis tuvo con el teléfono.*

vocabulario nuevo:

colgar (ue)	to hang up
descolgar (ue)	to pick up (receiver)
el número equivocado	the wrong number
la señal	tone signal
¿De parte de quién?	Who's calling?

| NOMBRE | FECHA | CLASE |

Anoche quise hacer una llamada por teléfono. Yo no sabía bien el número y tuve que buscarlo en la guía. Por fin encontré el número y lo marqué. Oí la señal de ocupado y colgué. Esperé unos minutos y llamé otra vez. Alguien contestó, pero en seguida me di cuenta que tenía el número equivocado. Llamé otra vez y por fin pude comunicarme. Una señorita contestó y le pregunté si Tomás Morillo estaba en casa. Ella me preguntó «¿de parte de quién?» y yo le dije mi nombre. Entonces ella fue al cuarto de Tomás, pero él no estaba. La señorita me preguntó si yo quería dejarle un recado. Le dije que sí, y que Tomás podía llamarme al 43–08–75. Colgué el teléfono y no quise hacer más llamadas el resto de la noche.

1. *Ponga estas frases en orden cronólogico. Después cambie los infinitivos al pretérito, usando* **José Luis** *como sujeto. Empiece así:* Anoche José Luis…

    a. colgar el teléfono

    b. buscar el número

    c. descolgar el teléfono

    d. saber que su amigo no estaba

    e. oír (él oyó) el tono

    f. dejar un recado

    g. marcar el número

    h. preguntar si su amigo estaba en casa

2. *Ahora describa una experiencia cómica o divertida que Ud. tuvo por teléfono. Use palabras de transición como:* **luego, después, más tarde, entonces, por fin…**

_____
_____
_____
_____
_____

Vocabulario / Expresiones

L. *Traduzca al español.*

1. They didn't give us the (theater) tickets.
   _____

2. The order? I sent it to them last week.
   _____

3. The scissors? Whom did you (*tú*) lend them to?
   _____

4. I tried to call them collect, but they refused to accept the call.
   _____

5. The mechanic checked the transmission, but he couldn't repair it this morning.
   _____

6. My grandparents gave me (as a gift) a pretty wool sweater, but I had to return it to the store because it was too small.
   _____
   _____
   _____

HUMOR	INGENIERO	Tengo una computadora que es casi humana.
	AMIGA	¿Quieres decir que sabe pensar?
	INGENIERO	No, pero cuando comete un error le echa la culpa (*puts the blame on*) a otra computadora.

NOMBRE _____ FECHA _____ CLASE _____

LECCIÓN 10
En la agencia de turismo

A. La Ciudad de México *Marque la mejor respuesta.*

1. Chapultepec es…

    a. un famoso emperador azteca.
    b. un centro comercial.
    c. una universidad colonial.
    d. un magnífico parque.

2. La Zona Arqueológica de Teotihuacán tiene…

    a. el Castillo de Maximiliano y Carlota.
    b. el espléndido Estadio Olímpico.
    c. las Pirámides del Sol y de la Luna.
    d. el mercado de San Juan.

3. La Basílica de Guadalupe es…

    a. un templo del Siglo (*Century*) XII.
    b. una iglesia importante.
    c. la primera capital de México.
    d. la pirámide más alta.

4. El Zócalo se conoce también como…

    a. el Palacio Nacional.
    b. la Colonia Juárez.
    c. el Monumento a la Revolución.
    d. la Plaza de la Constitución.

5. El Monumento a la Independencia está en…

    a. la Avenida Insurgentes.
    b. La Calle Tacuba.
    c. el Palacio de Bellas Artes.
    d. el Paseo de la Reforma.

6. La Zona Rosa es…

    a. un centro deportivo.
    b. un monumento histórico.
    c. un distrito comercial elegante.
    d. un museo de arte contemporáneo.

Los mandatos formales

B. *Before going out, the Riveras tell their children what to do and not do. Use the infinitive phrases below to form commands. When two infinitives are together, put only the first one in the command.*

MODELO   no pensar ver la televisión todo el tiempo.
No piensen ver la televisión todo el tiempo.

1. cerrar bien la puerta _____
2. no poner el radio muy alto _____
3. apagar (*turn off*) la luz de la cocina _____
4. no pelear (*don't fight*) _____
5. no ver mucho la televisión _____
   _____
6. dar de comer (*feed*) al gato _____
7. no tocar las cosas en la sala _____
8. ser buenos _____
9. no correr por la casa _____
10. no permitir entrar a nadie (*no one*) _____

Los mandatos con complementos (*object pronouns*)

C. *Several persons on a tour are asking the guide questions about tomorrow's trip. Answer using the Uds. affirmative commands.*

MODELO   ¿Nos despertamos temprano?
Sí, despiértense (Uds.) temprano.

¿las maletas? ¿Las ponemos en el pasillo?
Sí, pónganlas en el pasillo.

1. ¿Nos levantamos antes de la siete?
   _____

2. ¿Nos sentamos en los mismos (*same*) asientos?
   _____

NOMBRE _____ FECHA _____ CLASE _____

3. ¿Nos preocupamos por las entradas?
   _____

4. ¿la cámara? ¿La traemos?
   _____

5. ¿las fotos? ¿Las sacamos?
   _____

6. ¿la cena? ¿La pagamos?
   _____

7. ¿el dinero? ¿Se lo damos al chofer?
   _____

8. ¿las direcciones? ¿Se las damos a los otros turistas?
   _____

The tour guide has changed her mind. Answer the above questions this time using the Uds. negative commands.

MODELO   ¿Nos despertamos temprano?
No, no se despiérten temprano.

¿las maletas? ¿Las ponemos en el pasillo?
No, no las póngan en el pasillo.

1. _____
2. _____
3. _____
4. _____
5. _____
6. _____
7. _____
8. _____

El subjuntivo

D. Complete each of the sentences below with the appropriate form of the verb, either the indicative or the subjunctive.

1. (puede / pueda) Siento que usted no _____ venir a la reunión.
2. (llamas / llames) Quiero que tú _____ por teléfono.
3. (hacemos / hagamos) La profesora cree que nosotros _____ mucho ruido.
4. (escriben / escriban) Deseamos que ustedes _____ su nombre y dirección.
5. (regreso / regrese) ¿Prefieres que yo _____ más tarde?
6. (están / estén) Yo sé que ellos _____ muy ocupados ahora.
7. (vienen / vengan) Nos alegramos de que Uds. _____ a pasarse unos días con nosotros.
8. (llegas / llegues) Es importante que tú _____ a tiempo al aeropuerto.

E. No puedo más Librada has decided to quit **(renunciar)** her job. She is writing a letter to her boss explaining her reasons. Complete her letter, using the appropriate form of the verb in parentheses.

Estimado Sr. León:

Yo no puedo seguir trabajando aquí. Todos los días usted quiere que yo (trabajar) _____ más y más. Por la mañana quiere que yo (leer) _____ todas sus cartas. Luego desea que yo (contestar) _____ toda su correspondencia. Al mediodía (*noon*) prefiere que yo (preparar) _____ el almuerzo. Por la tarde me pide que yo (hacer) _____ café. Los sábados insiste en que yo (ir) _____ de compras para Ud. y su esposa. Ya no soy su secretaria. Soy su sirvienta.

Por consiguiente, es preciso que yo (buscar) _____ otro empleo.

Espero que usted (comprender) _____ mis razones y (aceptar) _____ la renuncia.

                         Atentamente,
                         Librada de Hurtado

NOMBRE _____ FECHA _____ CLASE _____

F. Preguntas Answer in complete sentences the following questions about Librada's resignation.

1. ¿Quiere el Sr. León que su secretaria trabaje más?

2. ¿Qué quiere el Sr. León que Librada lea?

3. ¿Cuándo prefiere el Sr. León que Librada prepare el almuerzo?

4. Por la tarde, ¿qué quiere el Sr. León que ella haga?

5. ¿Adónde tiene que ir Librada los sábados?

6. ¿Cree Librada que ahora es secretaria o sirvienta?

7. ¿Quiere seguir trabajando Librada para el Sr. León?

8. ¿Qué es necesario que ella busque?

9. ¿Qué espera Librada que el Sr. León comprenda y acepte?

10. ¿Cree Ud. que el Sr. León es justo o injusto con Librada?

11. ¿Siente Ud. que Librada se vaya?

12. ¿Desea Ud. trabajar para el Sr. León? ¿Por qué?

G. *Traduzca al español.*

MODELO   **a.**   I want to open the window.
                     Quiero abrir la ventana.

               b.   I want you (**tú**) to open the window.
                     Quiero que abras la ventana.

1.a.   I want to open the letter.

    b.   I want you (**tú**) to open the letter.

2.a.   Lila prefers to walk.

    b.   Lila prefers that we walk.

3.a.   I'm happy to be here.

    b.   I'm happy that you (**tú**) are here.

4.a.   We hope you (**Uds.**) rest a little.

    b.   We hope to rest a little.

5.a.   I'm sorry to arrive late.

    b.   I'm sorry they are arriving late.

6.a.   They want to eat more.

    b.   They want us to eat more.

NOMBRE _____ FECHA _____ CLASE _____

7.a. I prefer you (**tú**) go to the store.

_____

b. I prefer to go to the store.

_____

8.a. It's necessary to return the videos before eight o'clock.

_____

b. It's necessary that Manolo return the videos before eight o'clock.

_____

H. *Several family members ask Esperanza and Benito to get various items in México. Make up at least ten sentences, using the information below, to indicate what each one wants.*

MODELO   **Deseo que (Uds.) me compren un anillo de plata.** (*silver ring*).

Quiero + que + me	comprar	un sarape
Deseo	traer	un anillo de plata
Prefiero	buscar	una estatua de ónix
Espero	pedir	una camiseta de...
Es preciso	conseguir (*to get*)	una guitarra
		unos platos de madera
		unos periódicos
		¿ ?

1. _____
2. _____
3. _____
4. _____
5. _____
6. _____
7. _____
8. _____
9. _____
10. _____

Vocabulario / Expresiones

I. Traduzca al español.

1. Look for the letter and read what (*lo que*) Benito says! (Use **Usted.**)

2. Please stand up! Don't sit down! (Use **Ustedes.**)

3. I want them to lower the prices.

4. We hope that they will visit Chapultepec.

5. They fear that Esperanza may not get used to a bigger city.

6. I'm sorry Ada is sick. I hope that she gets better soon.

7. Of course, I can help. Tell me what (*lo que*) you want me to do. (Use **usted.**)

8. I'm happy that they get together with their friends frequently.

REFRÁN	No dejes para mañana lo que puedas hacer hoy.

NOMBRE _____ FECHA _____ CLASE _____

LECCIÓN 11
En el banco y en el correo

A. *Busque en la columna B las traducciones correctas para las palabras en español de la columna A.*

	A.		B.
_____	1. los billetes	a.	voucher
_____	2. cambiar	b.	to exchange
_____	3. cobrar	c.	to show
_____	4. el comprobante	d.	savings account
_____	5. la cuenta de ahorros	e.	to sign
_____	6. la cuenta corriente	f.	coin, currency
_____	7. en efectivo	g.	bills, banknotes
_____	8. firmar	h.	checking account
_____	9. la moneda	i.	to charge, to cash
_____	10. mostrar (ue)	j.	in cash

B. *Subraye la mejor respuesta entre paréntesis para completar un resumen de las transacciones de María Luisa en el banco.*

María Luisa (1. era / estaba) de visita en Sevilla. Deseaba (2. cambiar / pagar) unos dólares en (3. pesos / pesetas) y fue (4. el / al) banco. El cajero (5. la / le) preguntó si tenía cheques o dinero en (6. cómodo / efectivo). Ella (7. le / lo) contestó que tenía cheques de (8. moneda / viajero) y preguntó a (9. cuándo / cuánto) estaba el cambio. El cajero (10. la / le) dijo que a ciento veinte y cinco (11. por / para) dólar. Entonces María Luisa (12. lo / le) pidió la (13. media / mitad) en (14. billetes / cuentos) pequeños. Finalmente ella (15. prestó / firmó) el comprobante y recibió su dinero.

El futuro

C. En diez años *Adivine (Guess) qué harán estas personas de aquí en diez años, usando los verbos indicados.*

	yo	el / la profesor/a	mis amigos
1. vivir...	_____	_____	_____
2. trabajar...	_____	_____	_____
3. tener...	_____	_____	_____
4. querer...	_____	_____	_____
5. ir...	_____	_____	_____
6. hacer...	_____	_____	_____
7. poder...	_____	_____	_____
8. decir que...	_____	_____	_____

D. Las transacciones *Cambie las oraciones al futuro de probabilidad.*

MODELO **Probablemente deposito** el cheque en el banco.
Depositaré el cheque en el banco.

1. **Probablemente cambian** los cheques de viajero.

   _____

2. **Probablemente** el banco nos **presta** el dinero.

   _____

3. **Probablemente abrimos** una cuenta de ahorros.

   _____

NOMBRE _____ FECHA _____ CLASE _____

4. **Probablemente quieren** que paguemos en efectivo.

   _____

5. **Probablemente hago** los pagos (*payments*) a principios de mes.

   _____

El condicional

E. ¿Un sueño? *Escriba un párrafo en que describe lo que sería un día ideal para Ud. ¿A qué hora se levantaría? ¿Qué desayunaría? ¿Adónde iría? ¿Quién lo / la acompañaría a Ud.? ¿Qué harían?*

_____

_____

_____

_____

_____

_____

_____

_____

_____

F. *Traduzca las siguientes oraciones al español, usando el condicional.*

1. The children were (probably) hungry.

   _____

2. I would like the steak medium done.

   _____

3. Estefanía said that she would probably come to the United States in the summer.

   _____

   _____

4. Could you (**Uds.**) see me tomorrow morning (**por la ...**)?

_____

Las preposiciones *para* y *por*

G. *Eduardo Chacón fue al banco para depositar el cheque de su salario. Complete Ud. su narración usando* **para, por** *o* **x** *(significa que nada se usa).*

Salí (1.) _____ el banco después del trabajo. Llegué al banco y busqué (2.) _____ un lugar para estacionar el carro rápido. Entré (3.) _____ la puerta de la avenida Constitución. Fui a la primera cajera. Ella trabajaba (4.) _____ ese banco (5.) _____ muchos años. La saludé y le pedí (6.) _____ un modelo (*deposit slip*). Yo quería cien dólares en efectivo (7.) _____ hacer unas compras. Ya que (*Since*) estaba allí, compré un bono (*bond*). Pagué cincuenta dólares (8.) _____ el bono que se vencería (*would be due by*) (9.) _____ el año 2000. (10.) _____ fin terminé las transacciones, y regresé al carro. Desafortunadamente tenía una multa (*fine*) (11.) _____ estacionar el carro allí. Luego vi que no podía estacionarme (12.) _____ esa avenida entre las nueve de la mañana y las seis de la tarde.

Los pronombres con preposiciones

H. *Su amigo/a desea saber para quién son las siguientes cosas. Contéstele usando los pronombres con preposiciones.*

MODELO   ¿Los cheques? ¿Son para los Rueda?
               Sí, (No, no) son para ellos.

1. ¿Las pesetas? ¿Son para Juliana?

_____

2. ¿El dinero? ¿Es para Edmundo?

_____

3. ¿Los billetes? ¿Son para las dos jóvenes?

_____

NOMBRE _____ FECHA _____ CLASE _____

4. ¿El comprobante? ¿Es para mí?

5. ¿Las cuentas? ¿Son para ti y para mí?

I. María Luisa regresa a los Estados Unidos. Su prima española le pregunta si hará las siguientes cosas. Haga Ud. el papel (role) de María Luisa y conteste las preguntas, usando los pronombres con preposiciones.

MODELO   ¿Te quejarás de tío Marcelo?
Sí, (No, no) me quejaré de el.

1. ¿Te preocuparás por abuelita?

2. ¿Te mudarás lejos de tus padres?

3. ¿Te casarás con Feliciano?

4. ¿Trabajarás para la misma señora?

5. ¿Hablarás conmigo por teléfono de vez en cuando?

6. ¿Podré yo pasar las vacaciones contigo?

Vocabulario / Expresiones

J. Escriba un diálogo entre usted y un(a) cajero(a). Empiece con los saludos, después mencione varias transacciones, y finalmente incluya el adiós. Sus transacciones deben incluir:

a. cobrar cheques (*to cash checks*)
b. pedir dinero en efectivo; por ejemplo, billetes de un dólar, cinco dólares, etc.
c. poner dinero en la cuenta de ahorros y la cuenta corriente
d. pagar varias deudas (*debts*); por ejemplo, las tarjetas de crédito, el carro, la casa, el préstamo (*loan*)...

_____
_____
_____
_____
_____
_____
_____
_____
_____
_____
_____
_____
_____
_____

K. Los gastos *(The expenses)* *Imagínese que usted no tendría suficiente dinero para pagar sus gastos. Haga una lista de diez cosas que Ud. haría o no haría para ahorrar (to save) dinero.*

1. _____
2. _____
3. _____
4. _____
5. _____
6. _____
7. _____
8. _____
9. _____
10. _____

NOMBRE _____ FECHA _____ CLASE _____

L. *Traduzca al español.*

1. I was thinking about her and not him.

   _____

2. I wonder if they charged me too much (*demasiado*).

   _____

3. Beatriz prefers to go shopping with you and not me.

   _____

4. Did you mail them the package already?

   _____

5. The cashier wants you to sign the checks.

   _____

NOMBRE _____ FECHA _____ CLASE _____

LECCIÓN 12
Las fiestas y las diversiones

A. *Busque las traducciones de las palabras en español en la columna de la derecha.*

_____ 1. el bautismo   a. wedding

_____ 2. el santo   b. farewell

_____ 3. el compromiso   c. baptism

_____ 4. la boda   d. saint's day

_____ 5. la despedida   e. engagement

B. La juventud *(youth)* **latinoamericana**   *Complete el siguiente artículo subrayando la major respuesta entre paréntesis.*

  Según la revista mexicana *Visión* los 80 millones de jóvenes en Hispanoamérica hoy desean vivir en un (1. curso, mundo, dueño) más justo y más pacífico. (2. Con tal que, Porque, Aunque) más y más jóvenes estudian carreras, todavía hay un gran número de ellos (3. sin, por, antes) oportunidades para mejorar su situación económica. Con relación al amor y al sexo existe cierta liberalidad. Sin embargo, la (4. tan, más, gran) mayoría de los jóvenes prefiere (5. cansarse, casarse, calmarse) y tener familia. Después de la TV, la radio (6. atrae, lleva, cumple) a los adolescentes por la música moderna y la música *rock*. Las películas de violencia, ciencia ficción e historias policiales les (7. faltan, parecen, gustan) más. Con respecto a la lectura, prefieren a los (8. escritores, cantantes, deportistas) Gabriel García Márquez y Mario Vargas Llosa. (9. Aquellas, Iguales, Algunas) jovencitas prefieren novelas de amor y *comics*. En suma, la juventud latinoamericana quiere (10. menores, peores, mejores) oportunidades, exige más participación en los procesos políticos y aspira a un mundo más justo, libre y pacífico.

Los tiempos compuestos

C. Práctica para una entrevista   *Usted mismo/a (yourself) va a entrevistarse para un futuro empleo. Refiérase a la siguiente información para hacerse una serie de preguntas y después contestarlas. Use el presente perfecto.*

MODELO   ¿dónde/trabajar/recientemente?
           ¿Dónde ha trabajado Ud. recientemente?
           He trabajado en ...

1. ¿por qué / trabajar / en ese lugar?

   _____

   _____

2. ¿a qué universidad / asistir?

   _____

   _____

3. ¿en qué / especializarse?

   _____

   _____

4. ¿cuántos días / perder / de trabajo este año?

   _____

   _____

5. ¿a quiénes les / pedir / cartas de recomendación?

   _____

   _____

6. ¿qué innovación significativa / hacer / en su último empleo?

   _____

   _____

D. El sabelotodo (know-it-all) *Los estudiantes quieren saber quién había hecho varias cosas antes. Haga Ud. el papel del sabelotodo, usando los verbos en el pasado perfecto.*

MODELO   ESTUDIANTES: ¿Quién contestó antes? (Angelina)
             USTED: **Angelina había contestado antes.**

1. ¿Quién llegó antes a la clase? (Tito)

   _____

2. ¿Quiénes escribieron en la pizarra antes? (Rita y Bruno)

   _____

NOMBRE _____ FECHA _____ CLASE _____

3. ¿Quién vio la película *Don Quijote* anteriormente? (Nadie)

   _____

4. ¿Quiénes dijeron el diálogo ya? (Alejo y yo)

   _____

5. ¿Quién terminó el examen más temprano? (Yo)

   _____

Palabras afirmativas y negativas

E. Las personas negativas *Cambie a la forma negativa.*

MODELO   Algunos de ellos te prestarán el dinero.
         Ninguno de ellos te prestará el dinero.

1. Alguien te resolverá el problema.

   _____

2. Algo bueno nos pasará.

   _____

3. Siempre celebro mi cumpleaños.

   _____

4. También me han escrito a mí.

   _____

5. Algunas de las jóvenes han estudiado conmigo.

   _____

F. *Repita la práctica anterior, pero esta vez use la estructura: no + verbo + otro negativo.*

MODELO   **No te prestará ninguno de ellos el dinero.**

1. _____
2. _____
3. _____

4. _____

5. _____

G. La persona positiva Cambie a la forma positiva.

MODELO   No ocurrió nada interesante.
Algo interesante ocurrió.

1. No dimos un paseo tampoco. _____

2. ¿No ha hecho nadie la comida? _____

3. Nunca me gano nada. _____

4. Ninguno de ellos ha devuelto las cosas. _____
_____

Los mandatos familiares

H. Imagínese que Ud. le está enseñando a manejar a un joven. Cambie los siguientes infinitivos a mandatos familiares.

MODELO   ajustar el asiento
¡Ajusta el asiento!

1. arrancar (*start*) el motor _____

2. salir despacio _____

3. tener cuidado _____

4. poner la señal de doblar _____

5. doblar a la derecha _____

6. ir hasta la señal de stop (alto) _____

7. parar (*stop*) _____

8. estacionar (*park*) el carro _____

I. Los desacuerdos (The disagreements) El Sr. Rivera le da unos mandatos a su hijo pero su señora lo contradice. Exprese Ud. los mandatos en el afirmativo y después en el negativo.

NOMBRE _____ FECHA _____ CLASE _____

MODELO abrirlas

        el señor: **¡Ábrelas!**   la señora: **¡No las abras!**

1. cerrarla _____ _____
2. ponerlo _____ _____
3. verlas _____ _____
4. recogerlos _____ _____
5. traerlo _____ _____
6. decírselo _____ _____
7. devolvérselos _____ _____
8. prestármela _____ _____
9. enseñárnoslas _____ _____
10. dármela _____ _____

Las tradiciones

*J. Indique con la letra más apropiada si las siguientes tradiciones son más típicas de: **a** los hispanos **b** los norteamericanos o **c** los dos grupos.*

_____ 1. Los cumpleaños infantiles incluyen una piñata.

_____ 2. Dan paseos por las calles, plazas y parques.

_____ 3. Celebran el Día de Acción de Gracias.

_____ 4. Les gusta ir al cine.

_____ 5. Las Navidades duran del 24 de diciembre al 6 de enero.

_____ 6. Típicamente intercambian regalos el 25 de diciembre.

_____ 7. Tienen carnavales en las ciudades principales pocos días antes de la Cuaresma (*Lent*).

_____ 8. Pasan los domingos con la familia.

_____ 9. Tradicionalmente las jóvenes salen en grupos y no solas con un joven.

_____ 10. Celebran más cuando una joven cumple los dieciséis años que cuando cumple los quince.

_____ 11. Los niños reciben regalos el seis de enero.

_____ 12. Los amigos y familiares se reúnen en los cafés.

_____ 13. Conmemoran el Día del Obrero el primero de mayo.

_____ 14. Los niños se disfrazan (*masquerade*) el treinta y uno de octubre y van pidiendo dulces por las casas.

_____ 15. Cada pueblo tiene un santo patrón o una santa patrona y conmemoran su día con procesiones o ferias (*fairs*).

K. *Graciela Rivera no conoce la tradición de celebrar el Día de Acción de Gracias. Explíquele a ella—en unas diez oraciones—cómo Ud. y su familia han celebrado esa fiesta recientemente.*

_____

_____

_____

_____

_____

_____

_____

_____

_____

_____

Vocabulario / Expresiones

L. *Traduzca al español.*

1. Paco, don't forget that we have a commitment tonight. It's Elsa's farewell at the club and everybody is going to go.

_____

_____

NOMBRE _____ FECHA _____ CLASE _____

2. Have you seen some of Cantinflas' films? —No, I haven't seen them, but my parents have seen some.

   _____

   _____

3. My goodness! Nobody has said anything to Pepe, and it's his birthday today. I believe that he turns thirty-nine.

   _____

   _____

4. Listen (Hear), Carlito, calm down and behave yourself! I don't want anyone to complain about you.

   _____

   _____

5. It's Tere's turn. She hasn't written anything on the board yet (*todavía*).

   _____

   _____

El profesor Cascarrabias le explica sus 20 mandatos para la clase a un estudiante nuevo.

oye	no llegues tarde
escribe	no comas
lee	no hables sin permiso
haz la tarea	no te peines
ven a clase	no pongas el radio
sé estudioso	no mires el reloj
trae los libros	no hagas preguntas tontas
di todo en español	no te quejes de los exámenes
ten lápiz y papel	no te duermas
pórtate bien	no juegues

NOMBRE _____ FECHA _____ CLASE _____

LECCIÓN 13
Los problemas sociopolíticos

A. Indique si estas expresiones indican **acuerdo** (agreement) o **desacuerdo**.

MODELO	acuerdo	desacuerdo
claro que sí	X	
1. tienes razón		
2. lógico		
3. jamás		
4. dudoso		
5. absurdo		
6. verdad		
7. de ninguna manera		
8. sí, ¡cómo no!		
9. exacto		
10. al contrario		
11. así es		
12. ¡qué va!		

B. Ahora use las expresiones anteriores para expresar su opinión sobre (on) estas observaciones. Use una expresión diferente para cada observación.

MODELO   La educación no es esencial.
          Al contrario, la educación es esencial.

1. Las elecciones no son importantes.

_____

Copyright © 1995 by Holt, Rinehart and Winston, Inc. All rights reserved.

2. El comercio internacional es vital.

   _____

3. Los jóvenes tienen muchas libertades hoy día.

   _____

4. El dinero soluciona todos los problemas.

   _____

5. Las ciudades necesitan asistencia federal.

   _____

C. Antes de leer el siguiente artículo de un periódico, estudie el vocabulario esencial.

acabar	terminar	**el flujo**	movimiento
el ataque	acción de atacar	**la frontera**	el límite de un país con otro
la avaricia	glotonería	**la guerra**	conflicto militar
culpar	acusar	**voraz**	que devora o come con violencia
débil	que no es fuerte		

DECLARA EL PRESIDENTE NORTEAMERICANO GUERRA A LAS DROGAS

Habló el Presidente de los Estados Unidos a representantes de 20 naciones hispanoamericanas.

«Estoy aquí para hablar de guerra. Primero, para que se vea a la cocaína como lo que es: Un ataque dirigido a explotar al débil. Segundo, para confrontar lo que se ha convertido en una Guerra Mundial. Y tercero, para ayudar a acabar con un indeseable dilema en esa guerra —la diversificación de productos químicos precursores.»

El Presidente indicó que no se podía culpar a las naciones andinas por «nuestro voraz apetito por las drogas, ni tampoco nuestros primos hispanoamericanos podían culpar a los Estados Unidos por la avaricia de los narcotraficantes que controlan pequeños imperios en estos países.»

«La solución está en las fronteras y en eliminar el contrabando. Los traficantes nos han atacado donde nos causa dolor, pero vamos a explorar sus vulnerabilidades, eliminando el flujo de materiales sin los cuales no se pudiera producir cocaína. No productos químicos, no cocaína», enfatizó.

«Apreciamos a esos gobiernos, como los de Colombia y Venezuela que ya han adoptado estrictas medidas de control de productos químicos», especificó.

NOMBRE _____ FECHA _____ CLASE _____

Preguntas

*Conteste **cierto** o **falso** según el contexto del artículo previo. Cambie a ciertas las oraciones que marcó falsas.*

1. El Presidente ve la cocaína como una explotación de la clase media. C ____ F ____

   _____
   _____

2. El Presidente quiere acabar con los productos químicos utilizados en la cocaína.
   C ____ F ____

   _____
   _____

3. El indicó que no se podía culpar a las naciones centroamericanas por el voraz apetito por las drogas en los Estados Unidos. C ____ F ____

   _____
   _____

4. El Presidente cree que la solución a las drogas esta en acabar con su contrabando.
   C ____ F ____

   _____
   _____

5. En la opinión del Presidente, la vulnerabilidad de los narcotraficantes está en eliminar sus enormes cuentas en los bancos internacionales. C ____ F ____

   _____
   _____

Opiniones

Exprese sus ideas y opiniones para resolver el grave problema de las drogas. Use las siguientes expresiones en sus declaraciones.

1. Creo que _____

2. Espero que _____

3. Quiero que _____

4. Temo que _____

5. Dudo que _____

El subjuntivo con expresiones de duda y negación

D. ¿Cómo estará la profesora? *Haga preguntas, y después contéstelas afirmativamente y negativamente. Según el contexto, use el indicativo o subjuntivo de* **estar** *en la cláusula subordinada.*

MODELO creer (tú)... ocupada
  ¿Crees que la profesora esté ocupada?
  Sí, creo que está ocupada.
  No, no creo que esté ocupada.

1. creer (tú)... preocupada

   _____
   _____
   _____

2. dudar (Ud.)... mal humor

   _____
   _____
   _____

3. estar seguro (Uds.)... enferma hoy

   _____
   _____
   _____

4. es cierto... cansada de revisar tantos papeles

   _____
   _____
   _____

NOMBRE _____ FECHA _____ CLASE _____

    5.   es posible... enamorada de alguien

_____

_____

_____

E. *Usted está muy interesado/a en comprar una casa, pero otro miembro de su familia trata de disuadirlo/a. Respóndale según el modelo.*

MODELO   **Él:**   No dudo que hay mucho tráfico por ese barrio.
                  Ud.: Dudo que haya mucho tráfico por ahí.

1.a. No estoy seguro de que la casa tenga techo nuevo.

  b. Estoy seguro/a de que _____

2.a. Creo que los dueños pondrán otro aire acondicionado inferior.

  b. No creo que _____

3.a. Es cierto que el sótano se llena de agua con las lluvias.

  b. No es probable que _____

4.a. No dudo que los impuestos son altos.

  b. Dudo que _____

5.a. Creo que los dueños se quedarán con la estufa y el refrigerador.

  b. No creo que _____

6.a. Hay duda que los dueños hagan todas las reparaciones.

  b. No hay duda que _____

El subjuntivo después de los antecedentes indefinidos y negativos

F. *Escriba preguntas u oraciones, usando las palabras a continuación.*

MODELO   ¿conocer (Uds.)/alguien/enseñar/computación?
              ¿Conocen Uds. a alguien que enseñe computación?

1. ¿necesitar (Uds.) / un empleado / escribir a máquina / bien?

_____

_____

2. (ellos) / buscar / restaurante / servir / comida criolla

   _____

   _____

3. no hay / nadie / saber / la respuesta

   _____

4. (yo) conocer / personalmente / al candidato / ganar las elecciones pasadas

   _____

   _____

5. ¿hay / algo / gustarles a Uds. / aquí?

   _____

   _____

6. ¡lo sentimos, / pero / no hay / nada / gustarnos!

   _____

7. (yo) necesitar / una loción / protegerme / del sol

   _____

8. ¡caramba! / (yo) no conocer / nadie / olvidar / tantas cosas / como tú

   _____

Las formas posesivas enfáticas

G. Sustituya la parte **_en letras cursivas_** con la información entre paréntesis. Haga los cambios necesarios.

MODELO   Octavio no trajo _el pasaporte_ suyo. (la visa)
              Octavio no trajo la visa suya.

1. Aquí tienes _la dirección_ mía. (el teléfono)

   _____

2. No hemos recibido _los cheques_ tuyos. (las cartas)

   _____

NOMBRE _____ FECHA _____ CLASE _____

3. ¿Leíste *el informe* nuestro? (las instrucciones)

   _____

4. Hablábamos con *los hijos* suyos. (la hija)

   _____

5. ¿*Las llaves* de Pedro? No, no he visto las suyas. (El carnet)

   _____

H. *Su amigo/a quiere saber de quién son las siguientes cosas. Contéstele según el modelo.*

MODELO   ¿Estos zapatos? ¿Son de Andrés y René?
           Sí, (No, no) son suyos.

1. ¿Estas camisas? ¿Son de Marcelino y Rulfo?

   _____

2. ¿Este cinturón? ¿Es de Martina?

   _____

3. ¿Estas medias? ¿Son de Maribel?

   _____

4. ¿Esta gorra? ¿Es de Néstor?

   _____

5. ¿Estos pantalones? ¿Son tuyos?

   _____

6. ¿Esta ropa? ¿Es mía?

   _____

Las noticias

I. El paro *(Work stoppage)   Lea rápido las preguntas a continuación del siguiente artículo. Después lea el artículo con cuidado, y finalmente regrese a las preguntas y contéstelas.*

CONGRESO DE VENEZUELA SE ADHIERE A PARO GENERAL

Caracas, Mayo 12 —El Congreso de Venezuela se sumará a un paro general de 12 horas el próximo 18 de mayo en protesta por las medidas económicas del Presidente socialdemócrata, se informó en Caracas.

La Cámara de Diputados aprobó un acuerdo para suspender ese día las tareas legislativas y administrativas del congreso, en solidaridad con las centrales obreras que convocan el paro.

Tampoco funcionarán ese día ni los aeropuertos, salvo para vuelos de emergencia, ni los diarios.

Preguntas

1. ¿Cuál es el significado de las palabras a la izquierda? Refiérase a las dos opciones a la derecha, y subraye su respuesta.

    a. sumarse   excluir / <u>incluir</u>

    b. adherirse (ie)   unirse / separarse

    c. aprobar (ue)   dar por malo / dar por bueno

    d. convocar   llamar a una reunión / impedir una reunión

    e. salvo   excepto / incluso

2. ¿Cree Ud. que el Congreso apoye el paro?

3. ¿Duda Ud. que las relaciones entre el Congreso y el Presidente socialdemócrata sean cordiales? ¿Por qué?

4. ¿Está Ud. seguro/a de que el Congreso suspenderá la tareas legislativas?

5. ¿Será posible que entren y salgan los vuelos normales el día 18?

6. ¿Habrá algún periódico o diario que se publique ese día?

NOMBRE _____ FECHA _____ CLASE _____

J. Imagínese que su jefe/a piensa reducirles el sueldo a Ud. y a sus compañeros. Escríbale una carta —aproximadamente 125 palabras— donde Ud. expresa las opiniones y oposiciones suyas. Incluya expresiones como **dudamos que..., no creemos que..., es probable que..., queremos que...**

_____
_____
_____
_____
_____
_____
_____
_____
_____
_____
_____
_____

Vocabulario / Expresiones

K. Traduzca al español.

1. The leaders of our political party support a higher standard of living for everyone.

   _____
   _____

2. Nevertheless, I doubt that the other candidates will fulfill all their promises (*promesas*).

   _____
   _____

3. There's no one who can solve all the country's problems in a jiffy (*un santiamén*).

   _____

4. I don't believe that the government will reduce our taxes this year. I believe they'll increase them.

   _____

   _____

5. On the one hand, what we need is less pollution and on the other, more recycling (*reciclaje*).

   _____

   _____

LECCIÓN 14
Las obras maestras
(*Masterpieces*)

A. Figuras eminentes   ¿Recuerda Ud. algunas figuras famosas de la cultura española e hispanoamericana? Relacione la persona (columna A), con un verbo (columna B), y la obra (columna C) correspondientes. Después escriba una oración, añadiendo las palabras necesarias.

MODELO   Velázquez se destacó por su realismo.

COLUMNA A **Persona**	COLUMNA B **Verbo**	COLUMNA C **Obra**
1. El Greco	ser	pinturas murales
2. Velázquez	cantar	cuadros con diferentes perspectivas
3. Falla	escribir	*Iberia*
4. Rivera	componer	arias
5. Cervantes	pintar	gran novelista contemporánea
6. Domingo	destacarse	escenas de guerra
7. Goya		temas religiosos
8. Matute		realismo
		Don Quijote de la Mancha

1. _____
2. _____
3. _____
4. _____
5. _____
6. _____
7. _____
8. _____

B. Traducciones Haga una traducción poética al inglés de los siguientes poemas.

Versos sencillos

Yo soy un hombre sincero

de donde crece[1] la palma,

Y antes de morirme, quiero

echar[2] mis versos del alma.

Todo es hermoso y constante,

todo es música y razón,

Y todo, como el diamante,

antes que luz es carbón.

José Martí   Cuba, 1853-1895

[1]grows [2]to pour

El subjuntivo con algunas expresiones adverbiales

C. Haga oraciones nuevas, cambiando los infinitivos al subjuntivo.

MODELO Te daré el dinero para que... (comer algo)
Te daré dinero para que comas algo.

1. Te daré el dinero para que... (comprar algo, pagar la cuenta, hacer las compras, ir a..., traer... ¿?)

NOMBRE _____ FECHA _____ CLASE _____

2. Hablaremos con los Pujol antes de que ellos… (salir de casa, contestar la carta, acostarse, mudarse, vender… ¿?)

_____
_____
_____
_____
_____
_____

3. ¡Uy!, ese muchacho no hace nada sin que yo se lo… (explicar, decir, repetir, mencionar, ¿?)

_____
_____
_____
_____
_____
_____

4. María Eugenia vendrá a la exposición con tal que nosotros la… (invitar, acompañar, recoger, traer, ayudar, ¿?)

_____
_____
_____
_____
_____
_____

D. De camping. *Su hijo/a quiere ir de camping este fin de semana. Complete Ud. las siguientes oraciones.*

1. Podrás ir con tal que _____, _____

   _____ y _____.

2. Además, quiero que _____, _____

   _____ y _____.

3. Debes llevar suficiente ropa para que _____, _____ y

   _____.

4. Tienes que recoger todo antes de _____, _____

   _____ y _____.

El indicativo o el subjuntivo con otras expresiones

E. *Complete las oraciones según el tiempo del verbo principal.*

MODELO No salgo hasta que termino el trabajo.
  No saldré hasta que termine el trabajo.
  No salí hasta que terminé el trabajo.

1. Estudio hasta que me canso.

   Estudié _____

   Voy a estudiar _____

2. Comen pescado aunque no les gusta mucho.

   Comerán _____

   Comieron _____

3. Me divierto muchísimo cuando estoy contigo.

   Me divertía _____

   Me divertiré _____

4. Los llamo tan pronto como llego a casa.

   Los llamaré _____

   Los llamé _____

F. Para atraer a los atletas *El entrenador (coach) de baloncesto está interesado en un atleta hispanoamericano. Complete las siguientes oraciones del entrenador, usando la forma correcta de los verbos entre paréntesis. Después traduzca las oraciones al inglés.*

1. Te pagaremos los estudios con tal que (tú/jugar) _____ baloncesto.

   _____

NOMBRE _____ FECHA _____ CLASE _____

2. Te ayudaremos con el inglés para que (tú/aprender) _____ más rápido.

   _____

3. Te presentaremos a los profesores en tu especialización antes de que el curso (comenzar) _____.

   _____

4. Te daremos un cuarto particular cuando (tú/venir) _____.

   _____

5. Podrás estudiar sin que nadie te (estorbar: *to bother*) _____.

   _____

El imperfecto del subjuntivo

G. *Complete cada oración con el imperfecto del subjuntivo, y después cambie el sujeto de ese verbo para hacer otra oración similar.*

MODELO No creían que nosotros __apoyáramos__ (apoyar) las bellas artes.
…(tú) **No creían que tú apoyaras las bellas artes.**

1. Sería probable que nosotros _____ (escuchar) la música de Manuel de Falla antes.

   …(yo) _____

2. Querían que yo _____ (escribir) un informe sobre Diego Rivera.

   …(ustedes) _____

3. Esperaban que nosotros _____ (leer) algunas obras de García Márquez.

   …(tú) _____

4. Dudaban que ella _____ (conocer) las pinturas de Picasso.

   …(los muchachos) _____

5. El dinero era para que Elena _____ (traer) unos discos compactos de México.

   ...(los Cruz) _____

   _____

H. *Escriba cinco oraciones originales. Complete cada oración con un verbo en el imperfecto del subjuntivo.*

MODELO   Me fui antes de que **los Betancourt llegaran.**

1. Queríamos que _____
2. Dudaban que _____
3. ¿Conociste a alguien que _____
4. No creía que _____
5. Vinimos aquí para que _____

Cláusulas con *si*

I. Si yo...   *Complete de una manera original según el modelo.*

MODELO   Si tener mucho dinero / comprar...
              Si tuviera mucho dinero, compraría una casa fabulosa.

1. Si tener más tiempo / ir a... _____

   _____

2. Si poder / trabajar en... _____

   _____

3. Si preparar comida italiana / hacer... _____

   _____

4. Si ser pintor(a) / pintar... _____

   _____

5. Si estar de vacaciones / visitar... _____

   _____

NOMBRE _____ **FECHA** _____ **CLASE** _____

6. Si necesitar consejos / hablar con... _____
   _____

7. Si comprar otro carro / ser un... _____
   _____

8. Si encontrar una cartera con dinero / tratar de... _____
   _____

J. En otro país *Conteste las siguientes preguntas.*

Si usted estudiara o trabajara en otro país por un año,...

1. ¿a qué país le gustaría ir? ¿Por qué?
   _____
   _____

2. ¿qué cosas llevaría y por qué? (Considere el clima y las costumbres de ese país.)
   _____
   _____

3. ¿dónde y con quiénes viviría? _____
   _____

4. ¿qué haría típicamente los días entre semana y los fines de semana?
   _____
   _____
   _____

Poemas

K. *Escriba dos poemas diferentes, siguiendo el modelo.*

MODELO

1. Mencione el sujeto con una palabra.	**Amiga**
2. Describa el sujeto con dos adjetivos.	**Amable y generosa**
3. Diga tres acciones del sujeto.	**Jugando, hablando, divirtiéndose**

LECCIÓN 14

4. Exprese su emoción por el sujeto. **Te quiero mucho**
5. Mencione otra vez el sujeto con otra palabra emotiva. **Compañera**

_____ _____
_____ _____
_____ _____
_____ _____

Vocabulario / Expresiones

L. *Traduzca al español.*

1. I'll go to the concert provided you go with me.

2. You'll like *Don Quixote* a lot when you read it.

3. Our Spanish professor wanted us to read the story in lesson twelve and answer all the questions.

4. They doubted that Picasso painted *Guernica* only for the money.

5. If I were you, I wouldn't say anything to him now.

6. We met Plácido Domingo before he came to the United States.

HUMOR Ley de Murphy con relación a las ideas revolucionarias:
Cualquier (*Any*) idea revolucionaria en ciencia, política, arte, o lo que sea, evoca tres estados de reacción, que pueden ser resumidos en tres frases:

1. «Es imposible, no desperdicie (*waste*) mi tiempo.»
2. «Es posible, pero no vale la pena.»
3. «Siempre decía que era buena idea.»

Manual de laboratorio

NOMBRE _____ FECHA _____ CLASE _____

Conversación diaria A
Las presentaciones y la clase

Diálogo

A. It's the first day of class, and two students are introducing themselves. Listen to their conversation as you read along.

LUIS   Buenos días. Me llamo Luis Alonso. ¿Cómo te llamas?

IRENE   Me llamo Irene Pérez.

LUIS   Mucho gusto.

IRENE   El gusto es mío.

B. Following the pattern you have just heard, introduce yourself to Irene. You begin.

USTED   ......

IRENE   Me llamo Irene Pérez.

USTED   ......

IRENE   El gusto es mío.

Números

C. Write down the numbers these students were assigned.

MODELO   María Elena 16

María Carmen _____   Tomás _____

Miguel _____   Mónica Luz _____

José Antonio _____   Víctor Eduardo _____

Cristina _____   Elsa Martina _____

Pronunciación

D. Las vocales *Listen to the following vowel sounds and words. Repeat after the speaker.*

la letra **a** as in f**a**ther: Ana   casa   sala   la   banana
la letra **e** as in b**e**t: me   ese   Elena   peso   efecto
la letra **i** as in f**ee**t: sí   mío   ti   Misisipí   ministro
la letra **o** as in n**o**te: solo   foto   loco   ¿cómo?   dos
la letra **u** as in t**oo**l: su   gusto   uno   mucho   Cuba

E. *A diphthong is a combination of any two vowels, that includes* **i (y)** *or* **u.** *Repeat the following words after the speaker.*

1. seis
2. bueno
3. soy
4. auto
5. aire
6. ciudad

F. *Listen to the following words. Repeat each one after the speaker, then circle the diphthong sound you hear.*

MODELO   You hear: bueno
             You circle: b(ue)no

1. cuatro
2. muy
3. tiene
4. estudia
5. nueve
6. agua

Acentuación

G. *You've asked a Spanish-speaking friend to give you a few words that describe people. Your friend will say each word twice. Circle the stressed syllable.*

MODELO   You hear: di-ná-mi-co
             You circle: di-(ná)-mi-co

1. fa-mo-so
2. se-rio
3. e-le-gan-te
4. in-te-re-san-te
5. fan-tás-ti-co
6. po-pu-lar

Palabras familiares

H. Primeras impresiones *After the first day of classes a friend wants to know what you think about your professors. Listen and answer appropriately. First listen to the model.*

MODELO   You hear: ¿Es dinámica la profesora de historia?
             You say: **Sí, es dinámica.** *or* **No, no es dinámica.**

1. ......   2. ......   3. ......   4. ......   5. ......

NOMBRE _____ FECHA _____ CLASE _____

I. Now the speaker will ask you questions about yourself. Answer **sí** or **no** in a complete sentence. Remember to give the correct ending for the adjective.

MODELO   You hear: ¿Eres sociable?
　　　　　　You say: **No, no soy sociable.** or **Sí, soy sociable.**

1. ……   2. ……   3. ……   4. ……   5. ……

En la clase

J. The speaker will say a number that refers to an object in the drawing. Write the name of the object in the space provided. Then repeat the answer after the speaker.

MODELO   You hear: número cuatro
　　　　　　You look at the drawing.
　　　　　　You say and write: **el papel**

a. _____

b. _____

c. _____

d. _____

e. _____

f. _____

g. _____

h. _____

Expresiones para la clase

K. *You'll hear three formal commands for each picture. Circle the letter of the command that best matches the picture.*

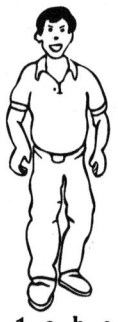
1. a b c

2. a b c

3. a b c

4. a b c

5. a b c

NOMBRE _____ FECHA _____ CLASE _____

CONVERSACIÓN DIARIA B
Los saludos (*Greetings*) y la familia

Diálogo

A. *Yolanda meets a family friend, Mrs. del Valle. Listen carefully to the dialogue while you read along. You will be asked to answer questions about it.*

YOLANDA	Buenas tardes, señora del Valle. ¿Cómo está usted?
LA SEÑORA	Muy bien, gracias. ¿Y usted?
YOLANDA	Más o menos bien. ¿Cómo está la familia?
LA SEÑORA	Todos bien, gracias. Adiós.
YOLANDA	Hasta luego.

B. *Now answer the questions about the dialogue. The speaker will give the correct answer afterwards. Repeat it in the pause provided.*

1. ...... 2. ...... 3. ......

Pronunciación

C. *Listen to the following consonant sounds and words. Repeat after the speaker.*

la letra **b** larga y la letra **v** corta: banco   va   bien   nueve
la letra **ce**, la letra **ese** y la letra **zeta**: nación   casa   siete   presidente   razón
la letra **h**: hoy   hasta   hermana   ahora
la letra **eñe**: año   montaña   español   niña
la letra **elle** y la letra **i griega**: llamo   valle   ayer   mayo

División en sílabas

D. *Each of the following words will be read twice. First write the word, then circle the stressed syllable.*

MODELO   You hear: inglés
          Write the word and circle the syllable: **in **

1. _____   4. _____
2. _____   5. _____
3. _____   6. _____

Números

E. *An instructor is giving a breakdown of grades (**notas**) for a multi-section course. Spell out the numbers you hear.*

1. Sobresaliente: _____ estudiantes
2. Muy bien: _____ estudiantes
3. Bien: _____ estudiantes
4. Aprobado: _____ estudiantes
5. Suspenso: _____ estudiantes

Yolanda y su (*her*) familia

El árbol genealógico

NOMBRE _____ FECHA _____ CLASE _____

F. In the following exercise, several of Yolanda's family members are identified by name and a profession or characteristic. The speaker will ask you a question about each of them. Answer **sí** or **no** in a complete sentence. Then repeat the correct response after the speaker. Refer, when necessary, to the family tree.

MODELO You hear: ¿El tío Pedro es profesor?
You see: tío Pedro / agricultor
You say: **No, el tío Pedro es agricultor.**

1. hermano / alegre
2. abuelos / afectuosos
3. Juanito / primo
4. padres / Costa Rica
5. Conchita / prima

Dictado

G. Listen carefully to the following passage and write down what you hear during each pause. Each word group will be read twice. The entire passage will then be repeated without pauses for you to check your work. Now let's begin.

_____
_____
_____
_____
_____
_____
_____

Now translate into English the sentences you have just written.

_____
_____
_____
_____
_____
_____
_____

NOMBRE _____ FECHA _____ CLASE _____

Conversación diaria C
El tiempo y el calendario
(The weather and the calendar)

Diálogo

A. *Two friends are talking about the weather. Listen to the dialogue as you read along.*

GILDA   ¿Qué tiempo hace, José?

JOSÉ   Hace mal tiempo.

GILDA   ¿Está lloviendo?

JOSÉ   Sí, mucho.

GILDA   ¡Lo siento!

B. *Now repeat the dialogue after the speakers in the pauses provided.*

Pronunciación

C. *Listen to the following consonant sounds and words. Repeat after the speaker.*

la letra **de:** dedo   doctor   cuando   nada   verdad
la letra **te:** tanto   treinta   tiempo   tomate   cuanto
la letra **ere:** para   tres   toro   estudiar
la letra **erre:** perro   cierro   río   Ricardo   rato

D. *Repeat the following* **trabalenguas** *after the speaker.*

	Translation:
Había un perro	*There was a dog*
debajo de un carro.	*under a car.*
Vino otro perro	*Along came another dog*
y le mordió el rabo.	*and bit his tail.*

Tiempo

E. *You will be conducting a tour group to Spain in May. Answer the questions that various tour participants have about the weather there. Look at the map below to answer the questions. Repeat the correct answer after the speaker. First listen to the model.*

MODELO   You hear: ¿Qué tiempo hace en Cataluña?
You see Cataluña on the map and say: **Hace fresco en Cataluña.**

1. ......   2. ......   3. ......   4. ......

Meses

F. *Listen to the following rhyme as you read along.*

Treinta días tiene° noviembre   °*has*
Con abril, junio y septiembre
Veintiocho tiene uno
Y los otros treinta y uno

G. *Now answer the questions about the rhyme in full sentences. Repeat the correct answer after the speaker.*

1. ......   2. ......   3. ......   4. ......   5. ......

Fechas

H. *The speaker will name a Hispanic holiday and give the date. Spell out both the date and the month in Spanish in the space provided.*

NOMBRE _____ FECHA _____ CLASE _____

1. Día de la raza: _____
   _____

2. Día de la independencia de la Argentina: _____
   _____

3. Fiesta de la Señora de los Milagros en Lima, Perú: _____
   _____

4. Día de los Reyes Magos: _____
   _____

5. Día del Obrero: _____
   _____

Días

I. Say the day that follows the one you hear.

MODELO You hear: Hoy es lunes.
            You say: **Mañana es martes.**

1. Mañana es…
2. Mañana es…
3. Mañana es…
4. Mañana es…
5. Mañana es…

Números

J. Indicate the amount of money you hear each person has. Write the number in numerals; don't spell it out.

1. Diana tiene _____ pesos.
2. Ramiro tiene _____ pesos.
3. Ana María tiene _____ colones.

4. Timoteo tiene _____ bolívares.

5. Rosita tiene _____ pesetas.

Notas culturales

K. *Listen twice to the* **Notas culturales** *on climate then indicate if the accompanying statements are* **C** *(***cierto***)* or **F** *(***falso***). Each statement will be read two times.*

1. C   F
2. C   F
3. C   F
4. C   F
5. C   F
6. C   F
7. C   F
8. C   F

NOMBRE _____ FECHA _____ CLASE _____

Conversación diaria D
La hora y el horario
(*Time and schedule*)

Diálogo

A. *Tica and Toño are discussing their computer course. Listen to their conversation as you read along.*

TICA   ¿A qué hora es la clase de computación?

TOÑO   Es a la una y media. Es mi clase favorita.

TICA   El profesor es muy bueno, pero la materia es muy difícil.

TOÑO   Sí, hay mucho trabajo. Ahora sí es difícil, pero después es más fácil.

B. *Now listen again and repeat after the speakers.*

C. *Now answer these questions about your classes in full sentences. Possible answers will be given by the speaker.*

1. ...... 2. ...... 3. ...... 4. ...... 5. ......

Pronunciación

D. *Listen to the consonant sounds and words. Repeat after the speaker.*

la letra **ge**: gigante   grande   ganso   guerra   gente
la letra **jota**: junio   jefa   Jorge   Jamaica
la letra **pe**: puro   papel   Pepe   popular
las letras **cu** y **u**: quien   queja   saque   quince
la letra **equis**: explique   extremo   examinar   exótico

E. *Listen, then circle the word in each group whose underlined sound is different from the others.*

MODELO   You read and hear: ni<u>ñ</u>o   ca<u>ñ</u>a   vi<u>n</u>o   a<u>ñ</u>o
                You circle: (**vino**)

1. jota   jefe   giro   ganar

2. centavo   sentido   cada   cansado

3. tela   milla   cayó   ella

4. café   que   cena   cuando

5. extra   exporto   exacto   exclamar

¿Qué hora es?

F. *A sales representative is flying to Mexico and South America and needs to know about time differences. (Check the map of South America in the front pages of your textbook for countries and capitals.) Next, look at the time zone map in your lab manual and answer his questions. Repeat each answer after the speaker. First listen to the model.*

MODELO   You hear: ¿Qué hora es en Buenos Aires, Argentina?
You look and say: **Son las nueve en Buenos Aires.**

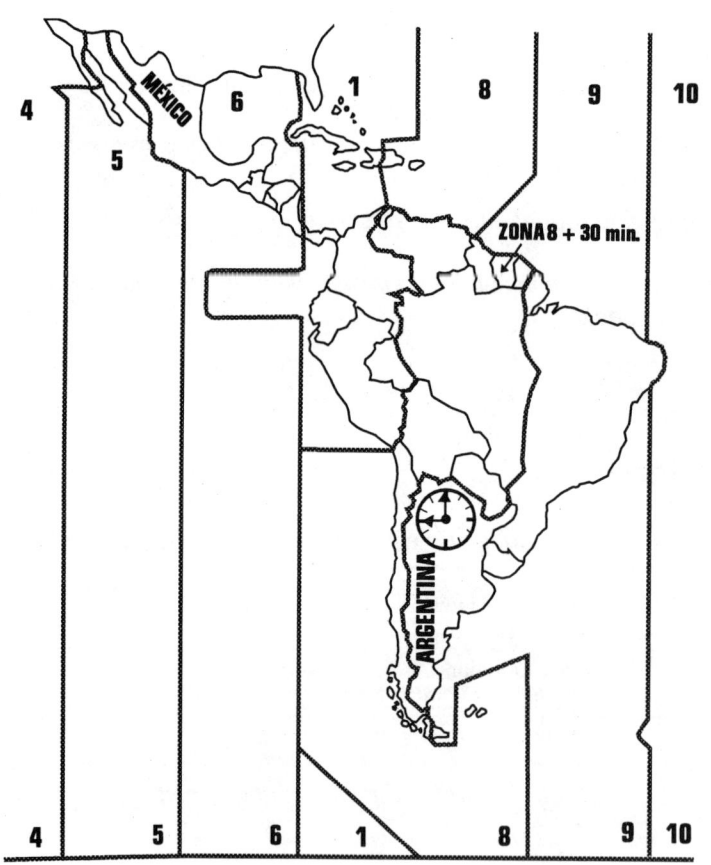

1. ......   2. ......   3. ......   4. ......   5. ......

NOMBRE _____ FECHA _____ CLASE _____

¿A qué hora es?

G. *The speaker will make a statement based on Diana's schedule. If the statement is correct, circle **sí** below; if it is wrong, circle **no**.*

1. sí   no
2. sí   no
3. sí   no
4. sí   no
5. sí   no
6. sí   no
7. sí   no

Santa Fe, Nuevo México	
SÁBADO 27 DE JUNIO	
7:15 A.M.	desayuno con Tomás
8:00	tenis con Gabi
9:00	trabajo
1:15 P.M.	almuerzo con Guillermo
2:00	trabajo
5:45	ejercicios aeróbicos
6:30	cena con la familia
8:30	concierto con Ángela y Gilda

Universidad

H. *Listen carefully as a student describes a university in Latin America. Fill in the blanks for the portions missing below. The passage will be repeated for you to check your work. Now let's begin.*

Soy _____ de la _____ de Las Américas, en _____.

Aquí _____ estudiantes de Latinoamérica, Europa, _____,

y _____. El _____ es rígido _____

pocas opciones. Las _____ son: filosofía y letras, ciencias y _____.

No _____ librería ni° _____.   °nor

   La vida _____ es _____. No _____

equipos deportivos en la universidad excepto el _____ de _____.

   La universidad se fundó° en el año _____. Hoy _____   °was founded

más de _____* mil _____* estudiantes.
*Spell out the number.

CONVERSACIÓN DIARIA D   Copyright © 1995 by Holt, Rinehart and Winston, Inc.   145
                                    All rights reserved.

NOMBRE _____ FECHA _____ CLASE _____

Conversación diaria E
Los deportes

¿Te gusta(n)?

A. The speaker will ask you if you like the things depicted in the drawings in your lab manual. Answer **sí** or **no** in a complete sentence. First listen to the model.

MODELO   You hear: ¿Te gusta esquiar?
You see:

esquiar

You say: **Sí, me gusta esquiar.** or
No, no me gusta esquiar.

1.

nadar

2.

cocinar

3.

la corrida de toros

4.

el fútbol

5.

los perros

B. Me gusta. Linda is telling you what she likes and dislikes. Ask her to confirm her statement, following the model. You will then hear the correct question followed by the answer.

MODELO   You hear: Me gustan las computadoras.
                You ask: **¿Te gustan las computadoras?**
                You hear: **¿Te gustan las computadoras? —Sí, me gustan.**

1. ......   2. ......   3. ......   4. ......

Alfabeto

C.. Repeat the name of each of the letters of the Spanish alphabet after the speaker.

a	a	n	ene
b	be	ñ	eñe
c	ce	o	o
ch*	che	p	pe
d	de	q	cu
e	e	r	ere
f	efe	rr†	erre
g	ge	s	ese
h	hache	t	te
i	i	u	u
j	jota	v	ve (uve)
k	ka	w	doble u
l	ele	x	equis
ll*	elle	y	i griega
m	eme	z	zeta

*Was eliminated as an "official" letter of the Spanish alphabet in 1994.
†Not an "official" letter of the Spanish alphabet.

D. Listen to each word and spell it out letter by letter. The speaker will give the correct spelling afterwards.

1. casa _____

2. verbo _____

3. pequeño _____

4. frecuente _____

5. charro _____

6. llorar _____

7. [your first name] _____

NOMBRE _____ FECHA _____ CLASE _____

Pronunciación

Enlace

E. *Listen carefully to how the following words are linked. Repeat after the speakers.*

la hija   su hermano   la educación   su universidad

Hay nueve estudiantes de España aquí.
¿Qué hora es?
Su última clase es a la una.

Dictado

F. *Listen carefully as Virginia Miranda talks about herself. Write down what you hear during each pause. Each word group will be read twice. The entire passage will then be repeated without pauses for you to check your work.*

_____
_____
_____
_____
_____
_____
_____
_____
_____
_____

Now translate into English the first eight sentences you have just written.

_____
_____
_____
_____

_____
_____
_____
_____
_____
_____

NOMBRE _____ FECHA _____ CLASE _____

LECCIÓN 1
Los oficios (*Occupations*)

Diálogo

A. *Listen as you read along to María's, Ramiro's, and Francisco's descriptions of themselves.*

María Luisa

Me llamo María Luisa Ruiz. Soy de San Antonio, Texas. Estudio arte comercial, lenguas y literatura. Participo en los deportes de la universidad. Soy soltera. Me gusta, me fascina, la ciudad de San Antonio por sus tradiciones hispanas y norteamericanas.

Ramiro

Me llamo Ramiro Delgado y Oliva. Soy obrero. Trabajo en la compañía Petróleos Nacionales de Venezuela. Hablo inglés y español. Soy ambicioso y fuerte de carácter. Me interesan mucho los deportes, especialmente el béisbol y el boxeo. Soy socio de varias asociaciones cívicas.

Francisco

Soy el doctor Francisco López-Silva. Enseño medicina en la Universidad Nacional de México. También tengo un consultorio aparte donde atiendo a mis pacientes. Me gusta mucho mi profesión. Soy casado y tengo dos hijos mayores. Uno estudia medicina y el otro trabaja en un banco.

B. *Now listen again and repeat during each pause.*

C. *Now answer the true/false questions. Circle* **C** *for* **cierto** *and* **F** *for* **falso.**

   1. María estudia arte en la Ciudad de México.   C   F
   2. María estudia lenguas también.   C   F

3. Ramiro trabaja en Venezuela.   C   F
4. Ramiro es presidente de varias asociaciones cívicas.   C   F
5. Francisco es profesor y doctor.   C   F
6. Francisco no tiene una familia.   C   F

D. Trabajo *In the University Placement Office, the interviewer asks you the following questions. Repeat the question after the speaker and then answer in complete sentences. Possible answers will be given by the speaker. Repeat each in the pause provided.*

1. ¿Cómo se llama usted?
2. ¿Habla usted español?
3. ¿Es usted de Venezuela?
4. ¿Estudia usted en la universidad?
5. ¿Trabaja usted ahora?
6. ¿Es usted soltero o soltera?

Sustantivos y artículos

E. Inventario *A clerk is taking inventory and is calling out several items. Put an **X** next to the correct definite article for that item. First listen to the model.*

| MODELO | You hear: | cinco cuadernos |
| | You mark: | ___ el **X** los ___ la ___ las |

1.	____	el	____	los	____	la	____ las
2.	____	el	____	los	____	la	____ las
3.	____	el	____	los	____	la	____ las
4.	____	el	____	los	____	la	____ las
5.	____	el	____	los	____	la	____ las
6.	____	el	____	los	____	la	____ las

F. ¿Qué necesito comprar? *Raquel is thinking of things she might need for her classes. When she asks you whether or not she needs them, use the cues given to answer her. Repeat the correct answer after the speaker. First listen to the model.*

MODELO	You hear:	¿Necesito comprar libros?
	You see:	sí / de literatura
	You say:	**Sí, necesitas comprar libros de literatura.**

1. Sí / de español
2. No
3. Sí / grande
4. Sí / de gramática
5. No

NOMBRE _____ FECHA _____ CLASE _____

Contracciones

G. ¿Adónde vas? Look at the city map. The speaker will ask you where you are going. Check the number cue then look at the map to see to what location it refers and tell the speaker. First listen to the model.

MODELO   You hear: ¿Adónde vas ahora?
                You see: número 1
                You say: **Ahora voy a la farmacia.**

1. número 2   2. número 5   3. número 8   4. número 6

H. ¿De dónde viene? Your friend asks you where several people **are coming from** for today's get-together. Use the map again to answer your friend's questions. First listen to the model.

MODELO   You hear: ¿De dónde viene Carlos?
                You see: número 3
                You say: **Carlos viene del cine.**

1. número 1   2. número 4   3. número 7   4. número 9

El presente de los verbos en *-ar*

I. As the speaker reads a sentence, look at the cue. If the subject is different, repeat the sentence using the new subject and making the necessary changes. If it is an infinitive, use the same subject but change the verb. The correct answer will be given by the speaker. First listen to the models.

MODELOS   You hear: El profesor enseña español.
                 You see: las profesoras
                 You say: **Las profesoras enseñan español.**

You hear: La muchacha estudia música.
You see: escuchar
You say: **La muchacha escucha música.**

1. Nosotros   2. comprar   3. Tú   4. Los García   5. Yo

J. *Tell what you plan to do using the cues you hear. First listen to the model.*

MODELO   You hear: el domingo / a las 6 / escuchar música
          You say: **El domingo a las seis escucho música.**

1. ......   2. ......   3. ......   4. ......   5. ......

El verbo *ser*

K. *Tell whether these people are engaged in the following occupations according to the cue. Your answers will be confirmed on the tape.*

MODELO   You hear: ¿Es Francisco López dentista?
          You see: No, no
          You say: **No, no es dentista.**

1. No, no...   2. Sí,...   3. Sí,...   4. No, no...   5. Sí,...

El verbo *ir*

L. *Ask if these people are going to the places indicated. Your questions will be confirmed on the tape.*

MODELO   You see: el banco
          You hear: tú
          You ask: **¿Vas al banco?**

1. el correo
2. la playa
3. las tiendas
4. el aeropuerto
5. la farmacia

El verbo *dar*

M. *Mention the used items these people are giving to charity. Your answers will be confirmed on the tape.*

MODELO   You hear: Los Moya
          You read: una mesa grande
          You say: **Los Moya dan una mesa grande.**

NOMBRE _____ FECHA _____ CLASE _____

1. unas sillas amarillas
2. una bicicleta azul
3. unos libros de inglés
4. un televisor pequeño
5. un reloj eléctrico

Dictado

N. Listen carefully to the following passage and write down what you hear during each pause. Each word group will be read twice. The entire passage will then be repeated without pauses so you can check your work. Now let's begin.

_____
_____
_____
_____
_____
_____
_____
_____

Now translate into English the sentences you have just heard.

_____
_____
_____
_____
_____
_____
_____
_____

NOMBRE _____ FECHA _____ CLASE _____

LECCIÓN 2

El hogar y los muebles
(Home and furniture)

Narración

A. *Listen to the narrative as you read along.*

    Elba y Rogelio Cardona son un matrimonio venezolano. Ellos son de Caracas, la capital. Elba describe los cuartos y los muebles de su hogar.
    Nuestra casa es de estilo español. Es de bloque y estuco blanco. El techo es de teja roja. Los cuartos son claros y alegres. En la entrada hay un recibidor. La sala está a la izquierda. Tiene un sofá, dos butacas, un televisor y unas mesitas con lámparas. La alfombra es marrón claro y los muebles azules. Aquí leemos, vemos la televisión, conversamos y descansamos con la familia.
    En la cocina los aparatos eléctricos (la estufa, la lavadora de platos y el refrigerador) son de colores coordinados. Entre la cocina y nuestro dormitorio hay un pasillo con un baño a la derecha. Tenemos un comedor grande también.
    Nuestro dormitorio es amplio; tiene un ropero inmenso. Los otros dos cuartos están en el segundo piso y son pequeños. Uno es el cuarto de nuestra hija y el otro sirve de estudio. Entre esos dos cuartos tenemos otro baño completo.
    Finalmente, al lado del garaje, tenemos la lavadora de ropa, una secadora de gas y espacio para guardar cosas. En el garaje hay espacio para los dos autos, tres bicicletas y una motocicleta.
    Estamos muy contentos con nuestro hogar. Está situado cerca de buenas escuelas y es bonito y cómodo. Es el centro de las actividades de nuestra familia.

B. *Now listen to statements about the narration. Write* **C (cierto)** *if they are true and* **F (falso)** *if they are not.*

1. _____   3. _____   5. _____   7. _____   9. _____

2. _____   4. _____   6. _____   8. _____   10. _____

El presente de los verbos en *-er, -ir*

C. *Answer affirmatively the questions you hear. First listen to the model.*

MODELO   You hear: ¿Lees el libro de español?
           You say: **Sí, leo el libro de español.**

1. ...... 2. ...... 3. ...... 4. ...... 5. ......

D. *Answer the next series of questions negatively. First listen to the model.*

MODELO   You hear: ¿Venden Uds. la casa?
           You say: **No, no vendemos la casa.**

1. ...... 2. ...... 3. ...... 4. ...... 5. ......

Las preguntas

E. *¿No? / ¿De acuerdo? / ¿Verdad? Basilio is not a very secure person. Every time he says something he changes it to a question. Play the part of Basilio. Repeat his statements and alternate in adding the tags* **¿no?, ¿de acuerdo?** *or* **¿verdad?** *to what he says. First listen to the models.*

MODELOS   You hear: Trabajo hoy.
           You say: **Trabajo hoy, ¿no?**

           You hear: El sábado no hay clases.
           You say: **El sábado no hay clases, ¿verdad?**

1. ...... 2. ...... 3. ...... 4. ...... 5. ......

F. *Use the interrogative words to form questions for the statements you hear. Your questions will be confirmed on the tape.*

MODELO   You hear: Regreso mañana.
           You ask: **¿Cuándo regresas?**

   cuándo   quién(es)   qué
   dónde, adónde   a quién(es)   cómo

1. ¿ ... ?   3. ¿ ... ?   5. ¿ ... ?   7. ¿ ... ?

2. ¿ ... ?   4. ¿ ... ?   6. ¿ ... ?

La *a* personal

G. *Listen to the following sentences. If the personal* **a** *is needed, write it in the blank. Then repeat the correct answer after the speaker. First listen to the model.*

MODELO   You hear: Paco espera _____ Rosario.
           You write **a** in the blank because **Rosario** is a person.

NOMBRE _____ FECHA _____ CLASE _____

1. Esperamos _____ los amigos de Diana.

2. Buscas _____ las llaves, ¿no?

3. Debemos invitar _____ Norma Gutiérrez.

4. Necesita comprar _____ la revista.

5. No comprendo _____ los Hernández.

Saber y *conocer*

H. *Sabino Sabelotodo (*Know-it-all*) thinks he knows or is acquainted with everybody and everything. Play Sabino's part, and put an **X** next to the verb form that is appropriate for the phrase you hear.*

MODELO You hear: la ciudad de Los Ángeles
You put an **X** before **conozco**, since the correct answer is **Conozco la ciudad de Los Ángeles.**

1. _____ sé   _____ conozco
2. _____ sé   _____ conozco
3. _____ sé   _____ conozco
4. _____ sé   _____ conozco
5. _____ sé   _____ conozco

¡Escuche, por favor!

I. *Listen to each question and underline the appropriate response. First listen to the model.*

MODELO You hear: ¿De dónde son los Cardona?
You read: a. Son un matrimonio.
           b. Son las tres.
           c. <u>Son de Venezuela.</u>
           d. Son Elba y Rogelio.
You underline response **c.**

1. a. Las flores y las plantas.
   b. Un sándwich y un refresco.
   c. La entrada y la salida.
   d. Un restaurante chino.

2.
- a. No. Él habla muy rápido.
- b. No. Él enseña muy bien.
- c. No. Él trabaja en la farmacia.
- d. No. Él es muy popular.

3.
- a. Busco una maleta marrón.
- b. Buscamos a la señora de Almendares.
- c. Buscan al chofer del taxi.
- d. Busca la visa de estudiante.

4.
- a. El cinco de enero.
- b. En un día.
- c. A las seis.
- d. La última semana.

5.
- a. Creo que su dirección es Santiago #618.
- b. No sé cómo se llama él.
- c. Su cumpleaños es el primero de agosto.
- d. Conozco un poco la ciudad.

NOMBRE _____ FECHA _____ CLASE _____

LECCIÓN 3
La salud y el cuerpo

Diálogo

A. *Listen to the dialogue as you read along.*

La señora Leonor Aguirre de Reyes es doctora. Su clínica está situada en el centro de la Ciudad de Panamá. Cristina Santos y Ana Sánchez están enfermas y necesitan ver a la doctora.

Dra. Aguirre	Buenas tardes, señorita. ¿Qué le pasa?
Cristina	No estoy muy bien, doctora. Tengo fiebre y dolor de cabeza. Mi amiga Ana también está enferma.
Dra. Aguirre	¿Está ella aquí con usted?
Cristina	Sí, tiene cita a las tres.
Dra. Aguirre	Ud. está muy pálida, y la fiebre indica que tiene gripe. Con permiso, vamos a examinarle la garganta y los oídos.
Cristina	¡Ay, sí! Me duelen un poco los oídos… Perdone… ¡Ah… chú!
Dra. Aguirre	¡Salud!

B. *The speaker will make a statement about the dialogue. If the statement is true, put an* **X** *next to* **C, cierto**; *if it is false, put an* **X** *next to* **F, falso.** *If no information has been provided, put an* **X** *next to the question marks. First listen to the model.*

MODELO   You hear: La clínica es de la doctora Aguirre de Reyes.
You see and mark: C __X__ F ____ ¿? ____

1. C _____   F _____   ¿? _____
2. C _____   F _____   ¿? _____
3. C _____   F _____   ¿? _____
4. C _____   F _____   ¿? _____

Copyright © 1995 by Holt, Rinehart and Winston, Inc. All rights reserved.

5. C _____ F _____ ¿? _____
6. C _____ F _____ ¿? _____
7. C _____ F _____ ¿? _____

El cuerpo humano

C. La hipocondríaca *Dolores de Cabeza is a hypochondriac. Help her tell her doctor her most recent problems. As you read along, you will hear several beeps. In each case, state in Spanish the name of the part of the body written in English. Use the necessary definite articles except after* **dolor de.**

Ay, doctor. Estoy muy enferma. Por la mañana, tengo dolor de (EAR) que luego pasa a (THROAT). Cuando voy a la universidad, (TOES) y (LEG) derecha me causan mucho dolor. También creo que necesito anteojos para leer. No veo bien la pizarra. Tampoco (*Neither*) puedo escribir en la clase. El dolor comienza en (FINGERS) y pasa (ARM). Después sufro todo el día con dolor de (BACK). No sé qué hacer, doctor.

Expresiones figuradas

D. *Ramoncito's older brother takes him out Saturday afternoon to a soccer match,* **un partido de fútbol.** *Listen to what Ramoncito has to say. Next, choose and say the expression that best completes his story, when you hear* **porque todo** *(because everything) followed by a beep. First listen to the expressions:*

¡No me tomes el pelo!
Cuesta un ojo de la cara.
No da pie con bola.

Los adjetivos

E. *After you hear a brief description, add an additional description using the appropriate form of the adjective that best corresponds to what you hear. Repeat the correct response after the speaker. First listen to the model.*

MODELO   You hear: Diana es amable y cordial. Ella es…
You see: antisocial curioso simpático
You say: **Ella es simpática.**

1. feo   bonito   trabajador
2. grande   nuevo   económico
3. norteamericano inglés   español
4. irlandés   alemán   francés
5. pobre   rico   malo

NOMBRE _____ FECHA _____ CLASE _____

Ser y *estar*

F. Mi casa Hilda is going to describe her home. You will hear a sentence with a beep. After hearing the sentence, choose the correct verb from the list. Put an **X** next to it and say it. You will then hear the correct answer. First listen to the model.

MODELO   You hear: Mi casa (*beep*) de bloque y madera.
You see, mark and say: __X__ es   ____ está

new vocabulary: **cuarto**   room

1. ____ es   ____ está   6. ____ es   ____ está
2. ____ es   ____ está   7. ____ es   ____ está
3. ____ son ____ están   8. ____ ser ____ estar
4. ____ es   ____ está   9. ____ es   ____ está
5. ____ son ____ están   10. ____ soy ____ estoy

Dictado

G. La muñeca de Lladró   Paula wants to thank Mr. and Mrs. Velázquez for the Lladró (Spanish porcelain) doll they sent her. Write down what Paula says during each pause. Each sentence or phrase will be read twice. Paula's lines will then be repeated without pauses for you to check your work.

_____
_____
_____
_____
_____
_____
_____
_____

LECCIÓN 3   Copyright © 1995 by Holt, Rinehart and Winston, Inc. All rights reserved.

Now write the answer in Spanish to the following questions based on Paula's talk.

1. _____
2. _____
3. _____
4. _____
5. _____
6. _____
7. _____
8. _____

NOMBRE _____ FECHA _____ CLASE _____

LECCIÓN 4
De compras (*Shopping*)

Diálogo

A. *Listen to the dialogue as you read along.*

Daniel y Olga Marrero, de Venezuela, están de vacaciones en la Florida. Antes de regresar a su país van de compras a una tienda.

OLGA	Perdone, ¿habla usted español?
LA DEPENDIENTA	Sí, cómo no. ¿En qué puedo servirles?
OLGA	Quiero probarme unos vestidos de verano.
LA DEPENDIENTA	¿Qué talla usa usted?
OLGA	Mediana. La cuarenta, pero creo que aquí en los Estados Unidos es la doce.
DANIEL	(*Interrumpiendo*) ¡Caramba! La ropa aquí está muy barata. Mientras te pruebas los vestidos, yo me voy a comprar unas camisas y pantalones, y tal vez una chaqueta.
LA DEPENDIENTA	La ropa de caballeros se encuentra en el segundo piso. Esta semana tenemos una fantástica liquidación de trajes y chaquetas.
DANIEL	(*A Olga*) Bueno, cariño, se ve que vamos a necesitar dos o tres maletas más.

B. *Now repeat the sentences and phrases you hear after the speaker.*

C. *Doña Lola is at the Almacén González Prado in San Juan, Puerto Rico. She is telling the* **dependienta** *what she wants to buy for her husband. Listen to her description and to the amount she is willing to pay (***pagar***). You will be asked several questions, so you may want to jot down notes in the space provided.*

_____

_____

_____
_____
_____
_____
_____
_____

Now help the **dependienta** *confirm Doña Lola's needs. After hearing her incomplete sentence, say the correct completion from among the following choices. First listen to the model.*

MODELO You hear: Usted debe comprar camisas *(beep)*.
You check and say: _____ de sport
  X elegantes
  _____ azules

1. _____ pantalones
   _____ camisetas
   _____ camisas
2. _____ rayas
   _____ adornos
   _____ lunas
3. _____ flores
   _____ cuadros
   _____ manga larga *(long-sleeved)*

4. _____ lana
   _____ algodón
   _____ poliéster
5. _____ manga corta
   _____ poliéster
   _____ seda
6. _____ sesenta
   _____ setenta
   _____ ochenta

Verbos con cambios radicales: *e* ⇨ *ie, o* ⇨ *ue*

D. Y yo también *Mr. and Mrs. Altamira will try to impress you with all they can do. Respond by saying that you can do the same as well. First listen to the model.*

MODELO You hear: Entendemos francés y alemán.
You say: **Yo entiendo francés y alemán también.**

1. ...... 2. ...... 3. ...... 4. ...... 5. ......

NOMBRE _____ FECHA _____ CLASE _____

E. *Look at the following scenes. When you hear a verb phrase, create a sentence that describes the corresponding scene. First listen to the model.*

MODELO   Escena A: You hear: jugar a
You say: **Pablo y Vicente juegan al tenis.**

Escena A:

1. ......   2. ......   3. ......   4. ......

Escena B:

1. ......   2. ......   3. ......   4. ......

Los pronombres reflexivos

F. ¿Qué hacen los Borges? *(What are the Borges doing?)* It's Sunday morning and the Borges are beginning their day. Look at the drawing and answer the questions in complete sentences.

1. ......   3. ......   5. ......   7. ......   9. ......
2. ......   4. ......   6. ......   8. ......   10. ......

El *se* impersonal

G. La profesora Durán is telling her students things they should and shouldn't do. She doesn't want to single out anyone in particular so she uses the impersonal **se**. Make the statements impersonal. First listen to the model.

MODELO   You hear: No fuman en clase.
               You say: **No se fuma en clase.**

1. ......   2. ......   3. ......   4. ......   5. ......
6. ......

¡Escuche, por favor!

H. Underline the appropriate response to each of the following questions. First listen to the model.

NOMBRE _____ FECHA _____ CLASE _____

MODELO   You hear: ¿Cuándo se levantan Uds.?
             You read: a. Se levantan a las siete.
                         b. Te levantas en cinco minutos.
                         c. Me levanto de la mesa.
                         d. <u>Nos levantamos a las ocho.</u>
             You underline response **d**.

1.a. Te pones el traje nuevo.
  b. Se pone el traje negro.
  c. Me pongo el traje gris.
  d. Nos ponemos el traje de baño.

2.a. Es de algodón.
  b. Está a la derecha.
  c. Está en diez minutos.
  d. Está de moda.

3.a. Pues, la chaqueta de «tweed» y el abrigo.
  b. Pues, la camiseta de algodón y los pantalones cortos.
  c. Pues, el traje de baño y las sandalias.
  d. Pues, los pantalones y las camisas de verano.

4.a. Deseo probarme la falda roja.
  b. Prefiero ponerme la blusa blanca.
  c. Necesito llevar vestidos largos.
  d. Quiero comprarme unos pantalones.

5.a. Sí, debo bailar un poco más.
  b. Sí, quiero acostarme.
  c. Sí, necesito jugar más al sóftbol.
  d. Sí, prefiero caminar por la plaza.

6.a. Sí, estoy muy aburrido.
  b. Sí, me preocupo mucho.
  c. Sí, me divierto todos los días.
  d. Sí, me voy de aquí inmediatamente.

7.a. Sí, cómo no. ¿Prefieren sentarse cerca de la ventana?
  b. De acuerdo. ¿Desean despertarse temprano?
  c. Tal vez. ¿Saben lavar platos?
  d. Un minuto, por favor. ¿Van a comer en casa?

8. a. ¿Cómo? El museo está cerrado.
   b. Con permiso. Necesito pasar.
   c. De nada. La carta llega en dos días.
   d. Lo siento. El correo no se abre hasta las nueve.

9. a. No, el jabón y el champú están en el baño.
   b. No, sólo me voy a lavar las manos.
   c. No, no me pongo traje y corbata.
   d. No, no me gusta el pelo corto.

10. a. Quieres ir de compras con Olga.
    b. Quiere dar un paseo en carro.
    c. Queremos visitar a los Marrero.
    d. Quiere pasar unas horas en el campo.

NOMBRE _____ FECHA _____ CLASE _____

LECCIÓN 5
En el aeropuerto

Diálogo

A. *Listen as you read along to Julie's conversation with the immigration inspector. Repeat what you hear during each pause.*

Inspector de Inmigración	Adelante, señorita, adelante. Bienvenida a Colombia. Sus documentos, por favor.
Julie	Con mucho gusto. Aquí tiene mi pasaporte y visa de estudiante.
Inspector de Inmigración	Muy bien… ¿Cuánto tiempo piensa estar aquí?
Julie	No sé exactamente. Tengo que estudiar unos meses en la universidad y después quiero hacer un viaje por el país.
Inspector de Inmigración	¡Qué bueno!… Y, ¿cuál es su dirección en Colombia?
Julie	Voy a quedarme con una familia de Bogotá… en la Avenida Libertador, número 158.
Inspector de Inmigración	Muy bien… Todo está en orden. Pase Ud. a la aduana.

B. *Now listen to some statements about the dialogue. If a statement is true, put an **X** in the blank before **sí**; if it is false, put an **X** before **no**. Now begin.*

1. _____ sí _____ no   4. _____ sí _____ no
2. _____ sí _____ no   5. _____ sí _____ no
3. _____ sí _____ no

C. *Now listen to Julie's discussion with the customs inspector, repeating what you hear during the pauses.*

D. *Now listen to some statements about the conversation. If the statement is true, put an **X** in the blank before **sí**; if it is false, put an **X** before **no**.*

1. _____ sí _____ no   4. _____ sí _____ no
2. _____ sí _____ no   5. _____ sí _____ no
3. _____ sí _____ no

Los adjetivos posesivos

E. *You are asking if various persons have their things (cosas). Complete the questions, during the pause, using the appropriate possessive adjective. Your questions will be confirmed on the tape.*

MODELO   You hear: ¿Tiene Ud.... ?
             You ask: **¿Tiene Ud. sus cosas?**

             You hear: ¿Tenemos nosotros... ?
             You ask: **¿Tenemos nosotros nuestras cosas?**

1. ¿ ... ?   3. ¿ ... ?   5. ¿ ... ?   7. ¿ ... ?
2. ¿ ... ?   4. ¿ ... ?   6. ¿ ... ?

F. *You will be asked if certain people need or want different papers; for example,* **los documentos, el recibo** *(receipt),* **la tarjeta de turismo**... *Answer affirmatively; then the speaker will give the correct answer. First listen to the model.*

MODELO   You hear: ¿Quiere Ud. su recibo?
             You answer: **Sí, quiero mi recibo.**
             You hear: **Sí, quiero mi recibo.**

1. ......   2. ......   3. ......   4. ......   5. ......
6. ......

Verbos con cambios radicales e ⇨ i

G. Nuestras actividades   *The speaker will read a sentence two times. Restate it with the new subject. First listen to the model.*

MODELO   You hear: Ellos sirven café por la mañana.
             You see: yo
             You say: **Yo sirvo café por la mañana.**

1. ellos   5. tú
2. yo   6. nosotros
3. Uds.   7. yo
4. ella

Verbos con la terminación en -go

H. Una confesión   *Juanito is going to tell you about his latest fantasy. He's somewhat embarrassed, so help him along. When you hear the beep, give the correct form of the verb. You'll hear the correct answer afterwards. Listen carefully.*

NOMBRE _____ FECHA _____ CLASE _____

1. hacer
2. ponerse
3. salir
4. decir
5. tener
6. traer

Expresiones con *tener*

I. Say which of the two choices matches the statements you hear. First listen to the model.

MODELO   You hear: Hoy es mi cumpleaños.
             You see: Tengo varias horas. / Tengo veinte años.
             You say: **Tengo veinte años.**

1. Tienen sed. / Tienen sueño.
2. Tienes mucha hambre. / Tienes mucho sueño.
3. Tenemos razón. / Tenemos hambre.
4. Tienes mucha suerte. / Tienes mucho miedo.
5. Tengo frío. / Tengo calor.
6. Tenemos que pagar pronto. / Tenemos que volver pronto.
7. Él tiene prisa. / Él tiene cuidado.
8. Tengo más cuentas. / Tengo ganas de descansar.

¡Escuche, por favor!

J. El curso de verano Preview the following questions for this section regarding two friends, Julie and Betty. Then listen to the narrative at least twice before writing in Spanish the answers to the questions. Rely on context to guess the meaning of words new to you.

1. ¿En qué se especializan Julie y Betty?

   _____

2. ¿Cuándo piensan ellas estudiar en Colombia?

   _____

3. ¿Qué tiene ganas de estudiar Julie?

   _____

4. ¿Qué tiene que estudiar Betty?

   _____

5. ¿Con quiénes van a quedarse Julie y Betty?

   _____

6. ¿Cuándo van a asistir a clases?

   _____

7. ¿Adónde piensan llevar los tíos a Betty y Julie por las tardes?

   _____

8. ¿Qué quieren hacer todos ellos los fines de semana?

   _____

NOMBRE _____ FECHA _____ CLASE _____

LECCIÓN 6

En el hotel

Diálogo

A. *Listen to the dialogue as you read along.*

Ernesto Fernández, estudiante graduado, está de vacaciones en Madrid, España. Él está hablando con la recepcionista de un hotel de precios moderados.

RECEPCIONISTA	Muy buenos días. Bienvenido al Hotel El Encanto. ¿En qué puedo servirle?
ERNESTO	Buenos días. Hice una reservación para hoy.
RECEPCIONISTA	¿A nombre de quién?
ERNESTO	A nombre de Ernesto Fernández.
RECEPCIONISTA	Un momento por favor. Hummm... estoy buscando... buscando, pero no encuentro su nombre.
ERNESTO	¡Qué lío! Escribí con anticipación, pidiendo una habitación sencilla con baño particular.
RECEPCIONISTA	Lo siento. Su carta no llegó a mis manos, pero si espera unos minutos le puedo dar una habitación en el quinto piso.
ERNESTO	Vale, vale. ¿Y el precio, por favor?
RECEPCIONISTA	Son 3.800 pesetas por noche. El desayuno está incluido. ¿Está bien?
ERNESTO	Sí, sí, muchísmas gracias.
RECEPCIONISTA	De nada, señor... para servirle.

B. *You're helping prepare a summary of Ernesto's experience at the hotel. When you hear the beep, circle the correct word from the list in your lab manual.*

1. trabajando / de vacaciones
2. El Encanto / El Sueño

3. altos / moderados
4. una reservación / una confirmación
5. Hernández / Fernández
6. un cambio / un lío
7. encuentra / revisa
8. enojado / ocupado
9. debe / puede
10. el quinto / el quince
11. menos de cuatro mil / más de cinco mil
12. el taxi al aeropuerto / el desayuno

El presente progresivo

C. *Answer the questions you hear in the present progressive to emphasize that you are presently doing or not doing the activities. Your answers will be confirmed on the tape.*

MODELO	You hear:	¿Escuchas el cassette?
	You answer:	**Sí, estoy escuchando el cassette.**

1. ......   3. ......   5. ......   7. ......
2. ......   4. ......   6. ......

Los adjetivos y los pronombres demostrativos

D. *You are at the Corte Inglés department store in Madrid and the clerk is asking you, the customer, if you like certain items. Play both roles according to the model. Then repeat the whole response after the speaker. First listen to the model.*

MODELO	You hear:	los calcetines
	You (clerk) say:	**¿Le gustan esos calcetines?**
	You (customer) respond:	**No, pero me gustan éstos.**

1. ......   2. ......   3. ......   4. ......   5. ......

El pretérito de los verbos *-ar*

E. *Tú contestas las preguntas* Answer the questions you hear with the cued response. Each question will be read only once. Repeat the correct response after the speaker. First listen to the model.

MODELO	You hear:	¿Qué estudiaste anoche?
	You see:	matemáticas
	You respond:	**Estudié matemáticas anoche.**

NOMBRE _____ FECHA _____ CLASE _____

1. cinco horas
2. mi amiga
3. en casa
4. las cartas
5. a las siete menos cuarto

El pretérito de los verbos *-er, -ir*

F. Usted contesta las preguntas Use the cues in your lab manual to answer the following questions. First listen to the model.

MODELO You hear: ¿A qué hora salió Ud. de casa esta mañana?
You see: a las ocho menos veinte
You respond: **Salí de casa a las ocho menos veinte esta mañana.**

1. a la clase de español y de psicología
2. las instrucciones
3. el periódico
4. en la playa
5. ocho horas

G. Usted hace y contesta las preguntas Ask and answer questions using the cues in your lab manual. Then repeat the whole answer after the speaker. First listen to the model.

MODELO You see: dónde / comer Uds. anoche
el restaurante
You ask and answer: **¿Dónde comieron Uds. anoche?**
Comimos en el restaurante anoche.

1. qué pedir Uds. en el restaurante
   filete de pescado
2. qué / perder el señor
   las llaves
3. adónde / decidir ir (tú) después de clase
   la biblioteca
4. qué / sirvir Ud. con el pescado
   vino blanco
5. a qué hora / acostarse Uds. anoche
   las once y media

Dictado

H. Mariano is describing what he did this morning. Jot down his activities during each pause. Each phrase will be read twice, and then the entire passage will be repeated without pauses for you to check your work. Now begin.

I. *Now rewrite Mariano's description in the third-person singular.*

MODELO **Esta mañana Mariano se levantó a las seis y media.**

LECCIÓN 7
En el mercado

Diálogo

A. *Listen and repeat during each pause.*

Margarita Núñez, una joven de Illinois, se ha mudado a San Juan, Puerto Rico. Su prima Adela la lleva a un supermercado para hacer unas compras de emergencia.

MARGARITA	La radio dijo que este huracán va ser muy severo.
ADELA	¡Que Dios no quiera! El último huracán hizo mucho daño. No tuvimos electricidad por muchas horas.
MARGARITA	Recuerdo que la última vez que nevó mucho en Chicago la ciudad casi se paralizó.
ADELA	¿Y cómo se prepararon?
MARGARITA	Pues, la gente se volvió loca comprando de todo.
ADELA	Igual que aquí. Bueno, date prisa, que van a cerrar la tienda. Mientras tú buscas tomates, lechuga y chinas, yo voy a recoger pan, queso, jamón y café.
MARGARITA	Espera un momentito. ¿Qué son «chinas»?
ADELA	Naranjas, mujer. En Puerto Rico decimos «chinas». Trae dos docenas. Mamá me dio suficiente dinero para comprar medio mundo.
MARGARITA	Está bien, pero ya puse unas toronjas en el carrito. Me gustan las toronjas más que las naranjas.
ADELA	No importa. A mí me gustan las dos. Anda, anda que te espero en la caja.

B. ¿Cierto o falso? If the statement you hear is true, put an **X** in the **Cierto** column; if it is false, put an **X** in the **Falso** column.

	CIERTO	FALSO		CIERTO	FALSO
1.	_____	_____	5.	_____	_____
2.	_____	_____	6.	_____	_____
3.	_____	_____	7.	_____	_____
4.	_____	_____	8.	_____	_____

El pretérito de los verbos irregulares (Primera y segunda partes)

C. ¿Adónde fue todo el mundo? Answer each question with the cued response or with one of your own. Each question will be read only once. Afterwards, verify your response with the speaker. First listen to the model.

MODELO You hear: ¿Adónde fue Gustavo?
You see: a la oficina
You say: **Gustavo fue a la oficina.**

1. al supermercado
2. al partido de béisbol
3. a casa de su hija
4. a comer un helado

D. ¿Qué hicimos para la fiesta? Follow the same procedures as for the previous exercise.

1. el ponche
2. unas empanadas (*turnovers*)
3. unas galletitas
4. pudín de pan

E. ¿Qué tuvimos que hacer ayer? Again, follow the same procedure as for the two previous exercises.

1. limpiar la casa
2. pagar unas cuentas
3. asistir a clases
4. ayudar a los estudiantes

F. ¿Recuerdan Uds. el primer día de clases? When you hear the beep, ask and answer the questions using the cues. Then verify what you said with the speaker. First listen to the model.

MODELO You see: venir Ud. / el primer día de clases
You ask and answer: **¿Vino Ud. el primer día de clases?**
Sí, vine el primer día.

1. venir (tú) / a clase el primer día
2. querer Uds. / sentarse adelante (*up front*)

NOMBRE _____ FECHA _____ CLASE _____

3. ponerse Ud. / ropa nueva ese día
4. decir (tú) / «Buenos días»
5. traer Uds. / el libro de español
6. dar el profesor / mucha tarea

Comparaciones de desigualdad

G. Vicente has many wrong ideas about his friends and about himself. Correct him by using the cues. Listen to the model.

MODELO You hear: Tomás es perezoso.
      You see: menos / Jaime
      You say: **Tomás es menos perezoso que Jaime.**

1. menos / Mariana
2. menos oportunistas / otras personas
3. más / tú
4. más / Tina y Adán
5. menos / él

*H. Los Marín A friend is describing members of the Marín family. You disagree and instead say who in the family **does** fit the description. First listen to the model.*

MODELO You hear: Iván es el más alto. (Elsa)
      You say: **Al contrario, Elsa es la más alta.**

1. ...... 2. ...... 3. ...... 4. ...... 5. ......

Comparaciones de igualdad

I. You, the workers, are negotiating a new contract with the boss. Respond to her statements by saying that you are on a par with her on those issues. Then repeat the correct response after the speaker. First listen to the model.

MODELO You hear: Uds. tienen muchos descansos.
      You say: **Bah, tenemos tantos descansos como Ud.**

1. ...... 2. ...... 3. ...... 4. ...... 5. ......

¡Escuche, por favor!

J. Imagine that you and a friend had Mr. and Mrs. Molina over for a Puerto Rican dinner. You're piecing together what took place. When you hear the beep, circle the correct verb from the list on the next page.

vocabulario nuevo:

el barrio	the neighborhood
la botella	the bottle
los chistes	the jokes

1. vinieron / vieron
2. llevaron / llegaron
3. dijeron / trajeron
4. hizo / recogió
5. estuve / preparé
6. hice / pude
7. puso / estuvo
8. comimos / fuimos
9. supimos / tuvimos que
10. despedimos / divertimos
11. dijimos / dimos
12. regresamos / perdimos
13. tocamos / tomamos
14. vimos / oímos
15. pasamos / pusimos
16. se mudaron / se fueron

K. *Now listen and write the answers in Spanish for these questions based on the previous narrative. Each question will be read twice.*

1. _____
2. _____
3. _____
4. _____
5. _____
6. _____
7. _____
8. _____

NOMBRE _____ FECHA _____ CLASE _____

LECCIÓN 8
En el restaurante

Diálogo

A. *Listen carefully and repeat during each pause as you read along. You will be asked to answer questions about the dialogue afterwards.*

Después de ver una representación de la ópera *El barbero de Sevilla* en el Teatro Colón, los señores Ponte, de Buenos Aires, van a cenar a un restaurante. Están sentados y leen el menú mientras toman un aperitivo. El señor está tomando un jerez y la señora un vermouth con agua tónica y limón. Los dos están picando aceitunas y nueces. El camarero viene a tomar la orden.

CAMARERO	¿Qué tal el aperitivo?
SR. PONTE	Sabroso, pero tenemos hambre y quisiéramos ordenar ya.
CAMARERO	De acuerdo. ¿Qué desean los señores?
SR. PONTE	Para mi mujer una sopa de minestrone y un bistec medio asado. Para mí una parrillada de bife, puerco y chorizo bien asados. También quisiera una ensalada mixta. El postre... lo vamos a pedir más tarde.
CAMARERO	¿Me permite recomendarle una botella de vino tinto?
SRA. PONTE	(*A su esposo.*) A mí me gustaría más tomar un espumante.
SR. PONTE	Entonces, espumante para la señora y vino tinto para mí.
CAMARERO	Muy bien. Con permiso...
SRA. PONTE	(*A su esposo.*) ¡Qué divertida estuvo la ópera! Para mí *El barbero de Sevilla* tiene que ser la mejor obra de Rossini.
SR. PONTE	Tenés razón. De joven a mí me fascinaba escuchar esa obra. Nuestra familia iba al teatro cada vez que había una presentación de Rossini. ¡Qué divinos recuerdos!
SRA. PONTE	Bueno, bueno, vamos a ver si la comida esta noche también está divina.

B. *Now answer the questions you hear, using complete sentences. After each question, you will hear a possible answer.*

1. ......   3. ......   5. ......   7. ......   9. ......
2. ......   4. ......   6. ......   8. ......   10. ......

C. ¿Qué es? *You'll hear the names of several foods. Decide under what category they should go.*

MODELO   You hear: el pollo asado
              You put: X under **CARNES**

	PESCADO	CARNES	VERDURAS (VEGETALES)
1.	___	___	___
2.	___	___	___
3.	___	___	___
4.	___	___	___
5.	___	___	___
6.	___	___	___
7.	___	___	___
8.	___	___	___
9.	___	___	___
10.	___	___	___

El imperfecto

D. Las vacaciones pasadas *Ask and answer questions about your past vacations. When you hear the beep, use the cues below and then verify what you said after the speaker. First listen to the model.*

MODELO   You see: dónde pasar Uds. / las vacaciones
                        el campo
              You ask and answer: **¿Dónde pasaban Uds. las vacaciones?**
                               Pasábamos las vacaciones en el campo.

Now begin.

1. con quién pasar (tú) / las vacaciones
   con mi familia

2. a que hora levantarse (tú) / generalmente
   a las nueve

3. a qué jugar Uds.
   al sóftbol

NOMBRE _____ FECHA _____ CLASE _____

4. a quiénes ver (tú) / frecuentemente
   a mis abuelos

5. dónde nadar tus amigos
   en la piscina (*pool*)

6. qué leer tu mamá
   novelas

7. a qué parque ir Uds.
   al parque zoológico

8. cómo ser el parque
   divertido y fascinante

9. qué animales haber* / allí
   (***hay** is the present tense)
   ardillas (*squirrels*) y conejos (*rabbits*)

10. a qué otros lugares ir (tú)
    al cine y a los partidos de béisbol

Contrastes entre el pretérito y el imperfecto

E. *Listen to the following sentences and decide whether to change them to the preterite or the imperfect, depending on the cue you hear. Give your response, and then repeat the correct answer after the speaker. First listen to the model.*

MODELO   You hear: Me levanto temprano… (esta mañana)
             You say and repeat: **Me levanté temprano esta mañana.**

1. ……   3. ……   5. ……   7. ……   9. ……
2. ……   4. ……   6. ……   8. ……   10. ……

F. *El papá irritado* *Listen to the following anecdote and change the verbs to the past. Decide between the preterite and the imperfect according to the context. The story will be read twice.*

MODELO   You hear: El restaurante está lleno generalmente.
             You see: estuvo / estaba
             You underline: **estaba**

1. Fue / Era   6. fue / era
2. llegamos / llegábamos   7. trajo / traía
3. tuvimos / teníamos   8. quisieron / querían
4. pudimos / podíamos   9. ordené / ordenaba
5. pedimos / pedíamos   10. fueron / iban

Now the story will be read again with the verbs in the past so that you may check your answers.

Dictado

G. *Julita Menor talks about her impressions of cooking in the United States. Write down what she says during each pause. Julita will say each phrase twice and then will repeat the entire passage without pauses for you to check your work.*

_____

_____

_____

_____

_____

_____

_____

_____

_____

_____

_____

Now indicate if the statements are **cierto** *or* **falso,** *according to Julita's talk.*

_____ 1. Julita cree que la comida norteamericana es más improvisada que sensacional.

_____ 2. Los europeos toman más tiempo en preparar la comida.

_____ 3. Julita habló del pollo frito de Kentucky.

_____ 4. Ella dijo "patata" en vez de (*instead of*) "papa."

_____ 5. Julita mencionó los congeladores llenos de carne y pescado crudo.

_____ 6. Ella describió la cena de Navidad.

_____ 7. La comida en casa de los amigos norteamericanos era más sofisticada que nutritiva.

_____ 8. Los norteamericanos viven para comer.

NOMBRE _____ FECHA _____ CLASE _____

LECCIÓN 9
Por teléfono

Diálogo

A. *Listen carefully to the dialogue and repeat during each pause as you read along.*

Ted Morales, agente de compras de una compañía en Dallas, llama a la compañía de tejidos El Inca en Lima para saber por qué no llegó un pedido de artículos de lana que necesitaba con urgencia. El gerente de ventas de El Inca, Celso Vega, trata de explicarle la razón de la demora.

TED MORALES	Buenos días, con el Sr. Vega, por favor.
CELSO VEGA	A sus órdenes. Diga…
TED MORALES	Le habla Ted Morales. ¿Cómo está?
CELSO VEGA	Muy bien, gracias, Sr. Morales. ¿Y Ud.?
TED MORALES	Bastante bien. Mire, lo llamo para saber si ya me envió los tejidos que le pedí a principios de mes.
CELSO VEGA	Perdone Ud., Sr. Morales. Es que instalamos una máquina nueva, y el trabajo se nos atrasó unos días.
TED MORALES	Bueno, bueno comprendo, pero necesito el pedido con urgencia para evitar cancelaciones.
CELSO VEGA	Lo entiendo perfectamente. Pero no se preocupe porque esta misma mañana se lo envié por expreso aéreo.
TED MORALES	Magnífico. Muy agradecido.
CELSO VEGA	Igualmente, Sr. Morales. Es un placer servirle.

B. *Now listen to the following statements. Circle* **Ted** *or* **Celso** *depending on who would most likely say the statement.*

1. Ted   Celso   3. Ted   Celso   5. Ted   Celso

2. Ted   Celso   4. Ted   Celso

Los pronombres de complemento directo

C. *You ask a friend if he or she does the following activities with you. Ask and answer the questions using the words and cues provided. Repeat the answer confirmed on the tape.*

MODELO   You hear: ¿*(beep)* oyes bien?
                You see: (sí)...
                You ask: **¿Me oyes bien?**
                You answer: **Sí, te oigo bien.**
                You repeat: **Sí, te oigo bien.**

1. (sí)...
2. (sí)...
3. (no)...
4. (sí)...
5. (no)...

D. *Repeat the previous exercise, but this time use plural direct object pronouns.*

MODELO   You hear: ¿*(beep)* oyes bien?
                You see: (sí)...
                You ask: **¿Nos oyes bien?**
                You answer: **Sí, los oigo bien.**
                You repeat: **Sí, los oigo bien.**

1. (sí)...
2. (no)...
3. (no)...
4. (no)...
5. (sí)...

E. Ya no los quiero   *Emilio has finally graduated from the university. He has many things to give away and he offers you some of them. Answer him by using the correct form of the cue given. First listen to the model.*

MODELO   You hear: ¿Quieres esta mesa?
                You see: sí / (lo, las, la)
                You say: **Sí, la quiero.**

Now begin.

1. sí / (la, las, los)
2. no / (la, lo, los)
3. no / (las, los, la)
4. sí / (lo, los, la)
5. sí / (lo, los, las)

NOMBRE _____ FECHA _____ CLASE _____

Los pronombres de complemento indirecto

F. Las tarjetas Carmen is asking her husband if he sent greeting cards to various people. Play the role of Carmen. Listen to the cues and ask the questions using the appropriate indirect object pronouns. Repeat the correct response after the speaker. First listen to the model.

MODELO   You hear: ¿a los Castillo?
              You say: **¿Les enviaste una tarjeta a los Castillo?**

1. ......   2. ......   3. ......   4. ......   5. ......

G. Listen to the question, then choose and say the best answer. Repeat the correct answer after the speaker. First listen to the model.

MODELO   You hear: ¿A quién le escribiste?
                        You see: a. Luis me escribió
                                     b. <u>Le escribí a Marco.</u>
                                     c. Carmela le escribió a mi amigo.
                        You underline **b** and say: **Le escribí a Marco.**

1. a. Le dio el cheque a mi mamá.
   b. Le di el cheque a mi mamá.
   c. Le dieron el cheque a mi mamá.

2. a. Irma le envió el pedido a Ud.
   b. Lucas les envió el pedido a ellos.
   c. Martina nos envió el pedido.

3. a. Sí, les pude comprar las entradas a Uds.
   b. Sí, nos pudo comprar las entradas.
   c. Sí, me pudieron comprar las entradas.

4. a. Le pidió cincuenta dólares.
   b. Te pidió veinte dólares.
   c. Me pidió diez dólares.

5. a. Sí, nos devolvieron las llaves.
   b. Sí, te devolví las llaves.
   c. Sí, me devolvió las llaves.

La combinación de dos complementos

H. You will hear a question, Respond in the affirmative, using two object pronouns. You will then hear another question based on your response. Answer again, using the two object pronouns. First listen to the model.

MODELO   You hear: ¿Me diste el dinero?
         You say: **Sí, te lo di.**
         You hear: ¿Cuándo me lo diste?
         You see: … / esta mañana
         You say: **Te lo di esta mañana (ayer, anoche,…)**

1. … / ayer
2. … /anoche
3. … / la semana pasada
4. … / ayer
5. … / esta mañana
6. … / anoche

Los pronombres indirectos con *gustar* y verbos similares

I. Los platos   The Quinteros, recently married, are having a few friends over for dinner. Everytime he suggests a specific dish for someone, his wife disagrees. Play the role of Mrs. Quintero. You will hear the correct response afterwards. First listen to the model.

MODELO   You hear: Señor Quintero: ¿Las enchiladas para Tomás?
         You say: **¡Qué va! A Tomás no le gustan las enchiladas.**

1. …   2. …   3. …   4. …   5. …   6. …

J. Un poema   Fill in the words missing from the poem «**Te Amo**» (*I love you*) by Mina Griffin. The poem appears in the student publication **Llueve Tláloc,** *Pima Community College, Tucson, Arizona. You will hear the poem two times.*

TE AMO

¿Qué es lo que _____ _____ de ti?

_____ _____ la forma en que _____ _____

_____ _____ cuando suspiras (*sigh*)

                                                Y te amo

_____ _____ _____ _____

_____ _____ me amas.

                                                Y te amo

_____ _____ tu sonrisa (*smile*)

_____ _____ tus caricias (*caresses*)

                                                Y te amo

_____ _____ tu ternura (*tenderness*)

_____ _____ tu dulzura (*sweetness*)

                                                Y te amo

_____ _____ … _____ _____ …

_____ gustas tú. (*I like you.*)

                                                Y te amo

NOMBRE _____ FECHA _____ CLASE _____

K. ¿Qué te parece? *The Riveras are looking at a house they're interested in buying. Mrs. Rivera asks the members of her family what they think of the various rooms. Use the following cues to play both roles: that of Mrs. Rivera asking the questions and that of her family member(s) answering her. Repeat the correct response after the speaker. First listen to the model.*

MODELO You see: (a) Álvaro / la sala
        You say: **Álvaro, ¿qué te parece la sala?**
        You see: (b) un poco pequeña
        You say: **Me parece un poco pequeña.**

1. a. Álvaro / el comedor
   b. bastante grande

2. a. María Elena / la cocina
   b. un poco oscura

3. a. Alvarito / los dormitorios
   b. claros y amplios

4. a. A Uds. / los baños
   b. muy pequeños

¡Escuche, por favor!

L. El regateo *(Bargaining)* *Clementina is at the public market, and she's interested in buying a pair of huaraches (sandals). Preview the true–false questions which follow and then listen to the conversation between Clementina and the vendor. Mark the statements* **Cierto** *or* **Falso** *depending on the context you hear. You will hear the conversation two times.*

vocabulario nuevo:

dejar to leave (something behind)

(*Compare:* **salir** *to go out, to exit, to leave*)

1. Al principio el vendedor quería 70 pesos por los huaraches. _____

2. El vendedor le dijo que era un precio especial. _____

3. Clementina le ofreció 20 pesos para empezar. _____

4. Los huaraches eran de fuerte material sintético. _____

5. Clementina pensaba que el vendedor le tomaba el pelo. _____

6. Clementina por fin le dio 35 pesos al vendedor. _____

7. El vendedor le preguntó a Clementina si le interesaban las blusas y los vestidos. _____

8. En la respuesta del vendedor: «No se los puedo dar a ese precio» *se* significa *herself*. _____

9. El tono de las palabras de Clementina era sarcástico y arrogante. _____

10. Parece que Clementina sabía regatear bien. _____

NOMBRE _____ FECHA _____ CLASE _____

LECCIÓN 10
En la agencia de turismo

Diálogo

A. *Listen to the dialogue as you read along.*

Esperanza y su esposo Benito visitan la ciudad de México. Quieren conocer los lugares más interesantes y deciden ir a una agencia.

BENITO	Querida, quiero que decidas entre Chapultepec y las Pirámides.
AGENTE	(*Casi interrumpiendo*) ¡Oh no, señor! Uds. pueden ir a Chapultepec hoy y a las Pirámides mañana.
ESPERANZA	¡Ay, sí! Quisiera ir a los dos lugares, pero también tenemos que comprar unos regalos.
AGENTE	Miren Uds., en el paseo a las Pirámides incluimos paradas en las tiendas de artesanía. ¿Desean que les haga las reservaciones?
BENITO	Bueno, Esperanza, di tú ¿vamos o no?
ESPERANZA	¡Claro que sí!... Pero, espero que tengamos tiempo para el Ballet Folklórico esta noche.
BENITO	Y tiempo para descansar un poco. Necesito acostumbrarme a la altitud y al tráfico.
AGENTE	¡No se preocupen! En nuestros paseos hay tiempo para todo.

B. La versión correcta *The speaker will begin a sentence about the dialogue. Choose from the two possible endings and say the one that completes the sentence correctly. First listen to the model.*

MODELO   You hear: Benito quiere que su esposa...
You see: a. vaya sola a las Pirámides
b. decida entre dos lugares interesantes
You say: **Benito quiere que su esposa decida entre dos lugares interesantes.**

1. a. pueden ir a los dos lugares
   b. deben ir a las corridas de toros
2. a. llenar el registro
   b. comprar unos regalos
3. a. pasan por Chapultepec
   b. visitan las tiendas
4. a. asistir al ballet
   b. ir al cabaret
5. a. al dinero y la comida
   b. al clima y los muchos coches
6. a. no tomen un taxi
   b. no se preocupen

Los mandatos formales

C. *Say the* **Ud.** *or* **Uds.** *affirmative commands as cued, then repeat the correct response after the speaker. First listen to the model.*

MODELO   You hear: Ud. debe decidir.
             You say: **¡Decida Ud.!**

1. …   3. ….   5. ….   7. ….   9. …
2. …   4. ….   6. ….   8. ….   10. …

Los mandatos con complementos

D. *This time say the* **Ud.** *or* **Uds.** *affirmative commands for the reflexive verbs you hear. Then repeat the correct response after the speaker. First listen to the model.*

MODELO   You hear: Uds. deben sentarse.
             You say: **¡Siéntense Uds.!**

1. …   2. …   3. …   4. …   5. …
6. …

E. *Now say the negative* **Ud.** *or* **Uds.** *commands for the reflexive verbs you hear. First listen to the model.*

MODELO   You hear: Uds. no deben sentarse.
             You say: **¡No se sienten Uds.!**

1. …   2. …   3. …   4. …   5. …
6. …

NOMBRE _____ FECHA _____ CLASE _____

El subjuntivo

F. El viaje a Mérida Susi will make a few statements about her upcoming trip to Mérida, Yucatán. If her statements contain a subjunctive verb, put an **X** in the subjunctive column; otherwise, put an **X** in the nonsubjunctive column.

	SUBJUNCTIVE	NONSUBJUNCTIVE
1.	_____	_____
2.	_____	_____
3.	_____	_____
4.	_____	_____
5.	_____	_____
6.	_____	_____

G. Mi opinión When José Antonio tells you something about his work, reply by using the cued expression followed by what he said. Decide beforehand whether the expression requires you to change the verb to the subjunctive. Repeat the correct answer after the speaker. First listen to the model.

MODELO You hear: Voy al correo.
 You see: Es preciso…
 You say: **Es preciso que vayas al correo.**

1. Espero que no…
2. Sí, creo que…
3. No quiero que…
4. Comprendo que…
5. Siento que…
6. Ojalá que…
7. Sé que…
8. Me alegro de que…

¡Escuche, por favor!

H. Antonio is going to do the laundry and is asking his wife how to proceed. Answer his questions as though you were the wife. Press the STOP button after hearing each question twice. This will give you time to say your answer and then jot it down in the space provided. The speaker will then give a possible answer for you to repeat. First listen to the model.

MODELO   You hear: ¿Cuándo quieres que lave la ropa?
You say and write: **Quiero que laves la ropa ahora.**

vocabulario nuevo: **conmigo**   with me
contigo   with you
doblar   to fold up

1. _____
2. _____
3. _____
4. _____
5. _____
6. _____
7. _____
8. _____

I. Un chiste   Listen to the following joke two times and then answer the questions.

vocabulario nuevo:

el contador   the accountant
el solicitante   the applicant
entrevistar   to interview
despedirse (i) de   to say good-bye to
sumar   to add up

Escriba **cierto** o **falso** según el chiste que Ud. oyó.

1. El primer solicitante usa los dedos para contar.   _____
2. El segundo solicitante no puede contestar la pregunta.   _____
3. El presidente se despide de los dos primeros solicitantes.   _____
4. El tercer solicitante cree que es importante persuadir al presidente.   _____
5. El tercer solicitante quiere que el presidente se dé cuenta de su «espíritu de cooperación.»   _____

NOMBRE _____ FECHA _____ CLASE _____

LECCIÓN 11
En el banco y en el correo

Diálogo

A. *Listen and repeat during each pause.*

María Luisa Montoya de Phoenix, Arizona, está de visita en Sevilla, España. Desea cambiar unos cheques de viajero, y entra en el Banco Hispanoamericano.

CAJERO	Hola, buenos días. ¿Qué desea?
MA. LUISA	Quisiera cambiar cien dólares en pesetas.
CAJERO	Muy bien. ¿Tiene cheques o dinero en efectivo?
MA. LUISA	Cheques de viajero. Perdone, ¿a cuánto está el cambio?
CAJERO	Está a ciento veinte y cinco pesetas por dólar. ¿Me muestra su pasaporte?, por favor.
MA. LUISA	Sí, cómo no. Aquí lo tiene.
CAJERO	¿Cual es su dirección en Sevilla?
MA. LUISA	Estoy en el Hotel Murillo, Calle Lope de Rueda, número 9.
CAJERO	Bueno. ¿Quiere firmar el comprobante?
MA. LUISA	Bien, pero, ¿podría darme la mitad en billetes pequeños?
CAJERO	De acuerdo, para servirle.

B. ¿Cierto o falso? If the statement you hear is true, put an **X** in the **Cierto** column; if it is false, put an **X** in the **Falso** column.

	CIERTO	FALSO		CIERTO	FALSO
1.	_____	_____	5.	_____	_____
2.	_____	_____	6.	_____	_____
3.	_____	_____	7.	_____	_____
4.	_____	_____	8.	_____	_____

El futuro

C. ¿Cuándo será? Rafael Méndez is a very busy businessman and has to plan his schedule well in advance. Answer his secretary's questions about his future appointments by using the cues, or make up an answer when necessary. Make sure you use the future tense. First listen to the model.

MODELO You hear: El secretario: ¿Cuándo va a ir Ud. a Córdoba?
You see: el viernes
You say: **Iré el viernes.**

1. mañana
2. el jueves por la tarde
3. a las tres y media
4. ¿...?
5. ¿...?

D. María Luisa y sus amigos María Luisa is very worried that her friends no longer want to visit her. Try to reassure her by giving her some probable reasons. Be sure to use the future of probability. First listen to the model.

MODELO You hear: María Luisa: Paulo y César nunca vienen a casa.
You see: estar ocupados
You say: **Estarán ocupados.**

1. estar cansada
2. tener mucho trabajo
3. venir a visitarte un día de éstos
4. querer conocer a más personas
5. no poder por ahora

El condicional

E. Rogelio is going to prepare different dishes and use certain spices. However, everyone else would rather not. Reply according to the model. Your answers will be confirmed on the tape.

NOMBRE _____ FECHA _____ CLASE _____

MODELO	You read and hear:	Rogelio va a cocinar jamón.
	You hear:	(yo)
	You say:	**Yo no cocinaría jamón.**

1. Rogelio va a preparar sopa.
2. Rogelio va a servir frijoles.
3. Rogelio va a asar los pollos.
4. Rogelio va a querer spaghetti.
5. Rogelio va a freír las papas.
6. Rogelio va a hacer una ensalada.
7. Rogelio va a usar ajo y cebollas.
8. Rogelio va a poner sal en la comida.

F. *Magda is expressing her requests to you in a polite manner, using the conditional. Answer her with the conditional, too. Use a direct object pronoun where possible. Verify your answers with those provided on the tape.*

MODELO	You hear:	¿Me traerías un vaso de agua?
	You answer:	**Claro que te traería un vaso de agua.** o
		Claro que te lo traería.

1. ...
2. ...
3. ...
4. ...
5. ...
6. ...

Las preposiciones *para* y *por*

G. *Listen to the following sentences twice and when you hear a beep circle* **por, para** *or* **nada** *depending on which best completes the statement. Confirm your answers with the tape.*

1. por   para   nada
2. por   para   nada
3. por   para   nada
4. por   para   nada
5. por   para   nada
6. por   para   nada
7. por   para   nada
8. por   para   nada
9. por   para   nada
10. por   para   nada

Los pronombres con preposiciones

H. *Your friend asks you a couple of questions at a time. Answer accordingly. Possible answers will be given by the speaker.*

MODELO
    You hear: ¿Me necesitas a mí o a él?
    You say: **Te necesito a ti.**
    You hear: ¿Cuándo me necesitas?
    You say: **Te necesito mañana.**

1. ......   2. ......   3. ......   4. ......

I. ¿Entiendes? *Your friend asks you if you understood the person or persons mentioned. Reply that you understood the first person, but not the second.*

MODELO
    You hear: ¿Entiendes a Lucas y a Natalia?
    You say: **Lo entiendo a él, pero no a ella.**

1. ......   2. ......   3. ......   4. ......   5. ......

J. Una vida feliz *Read along as Felisa describes her life with Celestino. When you hear the beep, choose the correct form of the prepositional object pronoun and make any necessary contractions.*

Celestino es un hombre ideal. Yo lo quiero mucho a (Ud., él, ti). Él me trata a (ti, mí, ella) muy bien. Siempre quiere estar (contigo, con ella, conmigo). Él se preocupa por (él, ti, mí) y yo nunca me quejo de (ella, él, ti). Quiero que esta felicidad continúe para (ellos, Ud., nosotros). No puedo desear nada más. ¿Será posible?

Dictado parcial

K. *Listen to a summary of the short story* **Una carta a Dios.** *Fill in the missing words based on what you hear on the tape. The summary will be read twice.*

    Lencho y su familia 1. _____ en una casa que 2. _____ en un cerro pequeño. Un día 3. _____ muy fuerte. El campo 4. _____ blanco con el granizo. Todo 5. _____ estaba destruido. Entonces, Lencho le 6. _____ una carta a Dios, pidiéndole dinero para 7. _____ otra vez y poder vivir. Los empleados del correo 8. _____ la carta y decidieron ayudar a Lencho. Ellos le

NOMBRE _____ **FECHA** _____ **CLASE** _____

9. _____ un poco más de 10. _____ del dinero que pedía Lencho. Cuando Lencho recibió el sobre, él 11. _____ dinero y 12. _____. Él creía que los empleados 13. _____ con parte del dinero. Él sabía que Dios no podía 14. _____. Por fin le escribió a Dios 15. _____, pidiéndole el resto del dinero.

L. *Answer orally the following questions you hear. Rely on the summary you've just heard and on your reading of the story. You will hear each question twice, followed by possible answers.*

1. ......
2. ......
3. ......
4. ......
5. ......

5. ......
6. ......
7. ......
9. ......
10. ......

NOMBRE _____ FECHA _____ CLASE _____

LECCIÓN 12
Las fiestas y las diversiones

Dialogo

A. *Listen to the dialogue as you read along, and repeat during each pause.*

Son casi las doce de la noche en el hogar de los Rivera, familia dominicana que reside en Nueva York. Sus hijos Alvarito y Elena han ido juntos a una fiesta de despedida y todavía no han regresado a casa. Los padres no han podido dormirse.

GRACIELA	¿No te has dormido todavía?
ÁLVARO	¡Qué va! ¡No me dormiré hasta que lleguen los muchachos!
GRACIELA	Mira, mi amor ya no son niños. Álvaro tiene diecinueve años y María Elena va a cumplir dieciséis pasado mañana… Vamos a celebrarlo aquí, ¿no?
ÁLVARO	¡Ay, Dios mío! Otra fiesta y esta vez en mi casa. Creo que también tendrán fiesta el día de mi entierro.
GRACIELA	Ay, Álvaro, no me gusta que hables así.
ÁLVARO	Es que para esta familia todo es fiesta. Celebran el bautismo, la primera comunión, el santo, el cumpleaños, los quince años, el compromiso y la boda.
GRACIELA	No digas «celebran», di «celebramos». No olvides cuánto te divertiste bailando en el aniversario de los Martínez.
ÁLVARO	Sí, pero eran sus bodas de plata y nadie se quedó tarde.
GRACIELA	Cálmate, Álvaro. Voy a prepararte un vaso de leche caliente y así te dormirás bien pronto.

B. *Now listen carefully to the dialogue between Alvarito and María Elena about their parents.*

C. If the statement you hear about the preceding dialogue is true, put an **X** in the **Cierto** column; if it is false, put an **X** in the **Falso** column.

	Cierto	Falso
1.	_____	_____
2.	_____	_____
3.	_____	_____
4.	_____	_____
5.	_____	_____

Los tiempos compuestos

D. ¡Qué secretaria tan eficiente!   Mrs. Gutiérrez asks her secretary, Elisa, if she did certain tasks. Play the role of Elisa and answer Mrs. Gutiérrez' questions, using the present perfect. First listen to the model.

MODELO   You hear: La Sra. Gutiérrez: ¿Llamaste al director?
You say: **Sí, ya lo he llamado.**
You hear: **¡Muy bien!**

1. ......   2. ......   3. ......   4. ......   5. ......

E. Lo había hecho antes.   Mr. Padilla wants to know if his son did certain tasks. Play the role of his son and say you had done them before. You will hear the correct response afterwards. First listen to the model.

MODELO   You hear: Mr. Padilla: ¿La tarea? ¿La terminaste?
You say: **Sí, la había terminado antes.**

1. ......   2. ......   3. ......   4. ......   5. ......
6. ......

Palabras afirmativas y negativas

F. Las reuniones   Every time Verónica says something about reuniones, Crispín counters her statement negatively in two different ways. Play the role of Crispín. Then repeat the correct responses. First listen to the model.

MODELO   You hear: Siempre se reúnen en el mismo lugar.
You say: **Nunca se reúnen en el mismo lugar.**
No se reúnen nunca en el mismo lugar.

1. ......   2. ......   3. ......   4. ......   5. ......

NOMBRE _____ FECHA _____ CLASE _____

Los mandatos familiares

G. Las indecisiones *Your friend asks you if she can do certain things. First answer her with an affirmative command and then with a negative one. Use object pronouns where feasible.*

MODELO   You hear: ¿Salgo ahora?
                You say: **Sí, sal ahora. No, no salgas ahora.**

                You hear: ¿Recojo las cosas?
                You say: **Sí, recógelas. No, no las recojas.**

1. ......
2. ......
3. ......
4. ......
5. ......
6. ......
7. ......
8. ......
9. ......
10. ......
11. ......
12. ......

Dictado parcial

H. *Listen to a summary of the selection* **¡Pum, Cataplum!** *Fill in the missing words based on what you hear on the tape. The summary will be read twice.*

Raymundo se sentía afortunado y también 1. _____ del lugar que él 2. _____. Él siempre le 3. _____ a Dios que lo 4. _____ a ser un buen beisbolista, pero nunca pensó que 5. _____ en esta posición tan pronto.

Raymundo 6. _____ en la Serie Mundial de béisbol. Ellos 7. _____ en juegos —tres a tres. Era el séptimo juego —el que 8. _____ el campeonato, y a él 9. _____ lanzar. Era la novena 10. _____. Raymundo lanzó 11. _____ de pronto y el arbitro gritó «¡Strike!» Lanzó otra vez y «¡strike!»

—Ajá, este bateador es mío —12. _____ Raymundo. Llegó el momento decisivo.

13. _____ el brazo y lanzó la pelota con toda su 14. _____ ...
y ¡pum, cataplum!...

—Pero, ¿qué 15. _____? ¿Qué tragedia ha ocurrido? Raymundo
16. _____, 17. _____, no de la loma del lanzador
18. _____ de la cama donde 19. _____. Su momento
más importante 20. _____ en sólo un sueño... ¡Bah, 21. _____!
Y la furia era porque él no supo quién 22. _____ el juego.

I. Answer orally the following questions you hear. Rely on the summary you've just heard and on your reading of the selection. You will hear each question twice, followed by possible answers.

1. ......
2. ......
3. ......
4. ......

5. ......
6. ......
7. ......
8. ......

NOMBRE _____ FECHA _____ CLASE _____

LECCIÓN 13
Los problemas sociopolíticos

Narración

A. *As you read along, listen as Catalina Toledo talks about the sociopolitical problems in her region. Repeat during each pause.*

Yo quisiera hablar de Centroamérica. La verdad es que la independencia dividió y fragmentó la región en pequeños países. Esa fragmentación resultó en el desorden, la represión y la desigualdad social. Dudo que la solución a estos graves problemas sea sólo el dinero.

Para remediar nuestra condición, primero será preciso que mejoremos el nivel de vida de los pobres. Segundo, no lograremos tener estabilidad política hasta que los radicales y los reaccionarios piensen más en el bienestar del país que en sus propios intereses. Tercero, tenemos que recordar que no hay democracia que pueda sobrevivir sin la lucha vigorosa del pueblo contra la corrupción y el engaño. Es posible cambiar las cosas con el apoyo, con el voto, del pueblo.

B. *Now listen to the following multiple-choice questions based on Catalina's talk. Circle the **letter** for the correct answer. Each question will be read twice.*

1. a. b. c.   4. a. b. c.
2. a. b. c.   5. a. b. c.
3. a. b. c.

El subjuntivo con expresiones de duda y negación

C. La visita de los suegros *(in-laws)   Marta is asking her husband about the upcoming visit of his parents. Play the role of her husband and answer Marta's questions using the following cues. Then repeat the correct response after the speaker. First listen to the model.*

MODELO   You hear: ¿Nos harán la visita tus padres?
　　　　　　 You see: Es posible.
　　　　　　 You say: **Es posible que nos hagan la visita.**

1. No creo...
2. Es posible...
3. Dudo...
4. No es posible...
5. Dudo...

D. El candidato Cruz *Every time a positive statement is made about the candidate Cruz, you counter with a negative one. First listen to the model.*

MODELO   You hear: Creo que Cruz ganará las elecciones.
                   You say: **No creo que Cruz gane las elecciones.**

1. ...   2. ...   3. ...   4. ...   5. ...

El subjuntivo después de expresiones indefinidas y negativas

E. Consejos sentimentales *Clarita writes to Doña Anita asking for advice about her love problems. When you hear the beep, circle the correct form of the verb and say it. Now listen.*

1. ser: es/sea
2. tratar: trate/trata
3. apreciar: aprecie/aprecia
4. reconocer: reconoce/reconozca
5. poder: puede/pueda
6. abusar: abusa/abuse

F. Agente de empleos *Francisco is an agent at an employment office. Several people call him looking for workers. Using the following cues, play the role of the callers and say what type of workers you need. First listen to the model.*

MODELO   You hear: Francisco: ¿Qué clase de trabajador necesita Ud.?
                   You see: saber escribir a máquina/vivir cerca
                   You say: **Necesito un trabajador que sepa escribir a máquina.**
                   You hear: Francisco: ¿Y qué más?
                   You say: **...y que viva cerca.**

1. saber programar computadoras/trabajar de noche
2. enseñar ciencias/poder enseñar matemáticas
3. calcular bien/ser especialista en finanzas internacionales
4. hablar español/tener carro

Las formas posesivas enfáticas

G. *You are at a get-together and a friend asks you if you have tried the different foods each guest has prepared. You just got there so answer negatively. Repeat the confirmation.*

NOMBRE _____ FECHA _____ CLASE _____

MODELO   You hear: ¿Has probado los tacos de Amelia?
You answer: **No, todavía no he probado los tacos suyos.**

1. ......
2. ......
3. ......
4. ......
5. ......

H. *A friend of yours wants to know who owns the following items.*

MODELO   You hear: ¿Este regalo? ¿Es de Rosendo?
You answer: **Sí, es suyo.**

1. ......
2. ......
3. ......
4. ......
5. ......

Dictado

I. *Listen to the passage and write down what you hear during each pause. Each phrase will be said twice; then the entire passage will be repeated without pauses for you to check your work.*

_____
_____
_____
_____
_____
_____

_____

_____

_____

J. *You will now hear several statements based on the dictation. If the statement is true, put an* **X** *in the* **Cierto** *column; if it is false, put an* **X** *in the* **Falso** *column.*

	CIERTO	FALSO
1.	_____	_____
2.	_____	_____
3.	_____	_____
4.	_____	_____
5.	_____	_____

NOMBRE _____ FECHA _____ CLASE _____

LECCIÓN 14
Las obras maestras
(*Masterpieces*)

A. *Listen twice to the following selection on Spanish art. Pay close attention to the information provided about the three artists discussed. Then listen to the accompanying questions and circle* **cierto** *or* **falso** *accordingly.*

1. cierto   falso
2. cierto   falso
3. cierto   falso
4. cierto   falso

5. cierto   falso
6. cierto   falso
7. cierto   falso
8. cierto   falso

El subjuntivo con algunas expresiones adverbiales

B. *Repeat the sentences below. Then say them again, using the adverbial conjunctions and subjects you hear after each beep. Your responses will be confirmed.*

MODELO   You repeat: No habrá problema con tal de llegar a tiempo.
             You hear: (*beep*) con tal que tú
             You say: **No habrá problema con tal que tú llegues a tiempo.**
             You hear: (*beep*) con tal que nosotros
             You say: **No habrá problema con tal que nosotros lleguemos a tiempo.**

1. No es posible entrar sin pagar primero.
   a. ……
   b. ……
   c. ……

2. Vamos a las tiendas para hacer unas compras.
   a. ……
   b. ……
   c. ……

3. Será mejor comer algo antes de irse.

   a. ......

   b. ......

   c. ......

4. Daremos un paseo con tal de tener tiempo.

   a. ......

   b. ......

   c. ......

C. Las competencias de natación (Swimming competitions)   Gregorio wants his brother Vicente to help him improve his swimming. Take notes below as you listen to their conversation two times. Then be ready to complete the statements based on their conversation. Listen:

_____

_____

_____

_____

_____

_____

_____

_____

Now complete the sentences you hear. A possible answer will follow. First listen to the model.

MODELO   You hear: A Gregorio le gustaría (beep)
You say: **A Gregorio le gustaría aprender a nadar.**

1. ...   2. ...   3. ...   4. ...

El indicativo o el subjuntivo con otras expresiones

D. Complete each sentence by supplying the verb that has been beeped out. Afterwards, repeat the correct response after the speaker. Follow the model.

NOMBRE _____ FECHA _____ CLASE _____

MODELO You hear: Lo hago cuando puedo.
                   Lo haré cuando (beep).
        You say: **Lo haré cuando pueda.**

1. …   2. …   3. …   4. …   5. …

El imperfecto del subjuntivo

E. La reunión social Catalina is preparing a get-together and is reviewing the things she wanted done. When you hear the beep choose the correct form of the cued verb and say it to complete Catalina's statement. Next, repeat the complete statement after the speaker. First listen to the model.

MODELO You hear: Quería que tú (beep) al mercado.
        You see: fuiste / fueras
        You say: **fueras**
        You hear and repeat: **Quería que fueras al mercado.**

1. hiciste / hicieras   5. gustaba / gustara
2. prepararan / prepararon   6. sirviéramos / servimos
3. pusieran / pusieron   7. traía / trajera
4. pensaran / pensaban   8. estábamos / estuviéramos

Cláusulas con *si*

F. Las fantasías Marcelino lives in a dreamworld. He always is thinking about things he might do if….Complete his thoughts using the correct form of the cued verb. The correct response will follow. First listen to the model.

MODELO You hear: Marcelino: Yo viajaría mucho…
        You see: si (tener) dinero.
        You say: **Yo viajaría mucho si tuviera dinero.**

1. si (recibir) el préstamo del banco.   4. si (sacarse) la lotería.
2. si no (trabajar) tanto.   5. si (ser) más estudioso.
3. si (mudarse) a México.

Actividad

G. Listen twice to this selection on Hispanic music. Take notes on the musicians, their works and instruments. Then select the answer that best completes each statement you hear. Each statement will be read two times.

Now listen to the statements and circle the best answer.

1. a. insignificante
   b. secundario
   c. fundamental
   d. ridículo
2. a. europeos
   b. hispanoamericanos
   c. africanos
   d. todas las respuestas
3. a. la guitarra y las castañuelas
   b. el banjo y el saxofón
   c. el arpa y la trompeta
   d. ninguna de las respuestas
4. a. Plácido Domingo
   b. Carlos Chávez
   c. Manuel de Falla
   d. Claudio Arrau
5. a. _Colombia_
   b. _Iberia_
   c. _América_
   d. _España_
6. a. cubano
   b. español
   c. chileno
   d. mexicano
7. a. un eminente pianista español
   b. una ciudad de España
   c. una canción de Agustín Lara
   d. las respuestas b y c
8. a. _Siboney_
   b. _Malagueña_
   c. _Danza ritual del fuego_
   d. las respuestas a y b
9. a. Albéniz y Falla
   b. Arrau y de la Rocha
   c. Lara y Domingo
   d. Lecuona y Segovia
10. a. clásica
    b. popular
    c. indígena
    d. todas las respuestas

ANSWER KEYS

ANSWER KEY TO THE *MANUAL DE EJERCICIOS*

CONVERSACIÓN DIARIA A

A.
1. once
2. nueve
3. siete
4. tres
5. un
6. una
7. treinta
8. quince
9. veintiocho
10. seis

B.
1. salida
2. cerrado
3. ascensor
4. caja
5. prohibido fumar
6. alarma de incendios (fuego)

C. *Answers vary.*

D. *Answers vary.*

E.
1. Buenos días.   Buenas tardes.   Buenas noches.
2. Hola, ¿cómo te llamas?
3. Mucho gusto.
4. Igualmente.
5. ¿Eres estudioso/a?
6. No soy muy tímido/a.

CONVERSACIÓN DIARIA B

A.
1. abuelo
2. abuela
3. padre
4. madre
5. padres
6. hijo
7. hermana
8. tíos
9. prima
10. niños

B. es/ un/ estudiante/ simpática/ primos/ profesora/ estudiante

C. *Answers vary.*

D.
1. noventa
2. ochenta y cuatro
3. setenta y dos
4. sesenta
5. cincuenta y cuatro

E.
1. tres dólares y treinta y cuatro centavos
2. cuatro dólares y cincuenta y nueve centavos
3. siete dólares y veintitrés centavos
4. dos dólares y sesenta y cinco centavos
5. nueve dólares y cincuenta y tres centavos

F.
1. seis dólares y sesenta y seis centavos
2. cinco dólares y cincuenta y nueve centavos
3. dos dólares y setenta y siete centavos
4. siete dólares y treinta y cinco centavos
5. cuarenta y siete centavos

G.
1. ¿Qué tal? ¿Cómo estás?
2. Más o menos, ¿y tú?
3. Muy bien, gracias.
4. Hasta mañana.
5. ¿Cuál es tu número de teléfono?
6. Lo siento.
7. Con permiso.
8. Por favor.

CONVERSACIÓN DIARIA C

A.
1. Hace (mucho) calor; Hace sol; noventa y ocho grados.
2. Está nevando. Hace (mucho) frío; quince grados.
3. Hace fresco; cincuenta y nueve grados.
4. Hace (mucho) viento; Hace frío; veintitrés grados.

B. *Answers vary.*

C.
el invierno	la primavera	el verano	el otoño
diciembre	marzo	junio	septiembre
enero	abril	julio	octubre
febrero	mayo	agosto	noviembre

D.
1. el primero de enero
2. el veinticuatro de junio
3. el dieciséis de septiembre
4. el veinticinco de diciembre

E. el lunes/ el miércoles/ el viernes/ el sábado

F.
1. ciento ochenta y siete dólares
2. doscientos sesenta y siete
3. trescientos noventa y cinco
4. cuatrocientos veinte
5. quinientos cincuenta
6. seiscientos setenta y nueve
7. ochocientos treinta

#2 veintiséis mil setecientas
#5 cincuenta mil
#7 ochenta y tres mil

G. ¡Ojo!/ un momentito (un poquito)/ más o menos/ tacaño

H.
1. ¿Qué tiempo hace?
2. Está nublado.
3. No hace calor aquí.
4. ¿Cuál es la fecha?
5. ¡Feliz cumpleaños!

CONVERSACIÓN DIARIA D

A.
1. Son las tres de la tarde.
2. Son las doce y veinticinco de la mañana.
3. Son las ocho menos diez de la mañana.
4. Son las nueve y cuarto de la noche.
5. Es la una y media de la tarde.

B.
1. Hay 5.
2. A las 12:12 y a las 3 (18:00)
3. A las 11 (23:00)
4. uno
5. A las 6:30

C.
1. la economía
2. la ingeniería
3. la literatura francesa
4. la biología
5. la medicina
6. la computación
7. la contabilidad
8. el español

D.
1. martes
2. enero
3. Son
4. tarde
5. invierno
6. Hay
7. biblioteca
8. facultades
9. letras
10. materias
11. química
12. amigos

E.
1. ¿Tienes clases hoy?
2. Sí, tengo español y matemáticas.
3. ¿A qué hora es tu primera clase?
4. Es a las ocho y media de la mañana.
5. ¿Hay muchos estudiantes en tu clase de español?
6. Sí, hay…

CONVERSACIÓN DIARIA E

A.
1. el béisbol
2. el fútbol norteamericano
3. el baloncesto
4. el tenis
5. el esquí
6. el golf
7. el hockey

B.
1. natación
2. ciclismo
3. jai alai
4. partido
5. jugadora
6. equipo
7. deportes

C.
1. ¿Te gustan los partidos de béisbol?
   Sí, (No, no) me gustan los partidos de béisbol.
2. ¿Te gustan los equipos de fútbol norteamericano?
   Sí, (No, no) me gustan…
3. ¿Te gusta el boxeo?
   Sí, (No, no) me gusta el boxeo.
4. ¿Te gusta el voleibol?
   Sí, (No, no) me gusta…
5. ¿Te gustan los bolos?
   Sí, (No, no) me gustan…
6. ¿Te gusta jugar al ráquetbol?
   Sí, (No, no) me gusta…
7. ¿Te gusta nadar?
   Sí, (No, no) me gusta…

D. deportes/ entusiasmo/ el Caribe/ México/ España/ Sudamérica/ carros/ bicicletas/ corridas/ primavera/ calor/ toros

E.
1. gris
2. negro, blanco
3. marrón
4. azul
5. anaranjado
6. rojo, amarillo, verde

F.
1. f
2. j
3. v
4. x
5. z
6. h
7. g
8. y
9. m
10. q

G.
1. i griega–o–ele–i
2. hache–u–ge–o
3. e–uve–a
4. t–o–eñe–o
5. r–i–cu–u–i

H.
1. ¿Te qustan las carreras de carro?
2. No, no me gustan las carreras de carro.
3. Me gusta jugar al golf. No me gusta correr.
4. ¿De qué color es el carro?
5. Es amarillo. No es oscuro.
6. Tengo el pelo… y los ojos…

LECCIÓN 1

A.
1. banquera
2. obrero
3. comerciante internacional
4. estudiante
5. profesora
6. ingeniero

B. 1. el
2. los
3. las
4. el
5. la
6. los

C. 1. al
2. de la
3. del
4. del
5. de la
6. a las
7. de la
8. a la
9. a la

D. 1. Busco un papel.
2. Tomo una aspirina.
3. Estudiamos unas lecciones.
4. Pasan unos días aquí.
5. ¿Compras un programa?

E. 1. ustedes
2. tú
3. usted
4. nosotros
5. ustedes
6. ellas

F. 1. toma
2. trabajan
3. caminamos
4. enseña
5. comprar

G. Sentences will vary.
1. Trabajo…
2. Estudio…
3. Preparo…
4. Tomo…
5. Necesito…
6. Cocino…

H. 1. es de / Es / Es
2. son de / Son / Son
3. eres de / Eres / Eres
4. *Answers vary.*

I. 1. ¿Adónde va (Ud.) luego?
2. ¿A qué tiendas van (Uds.) ahora?
3. ¿A qué hora van (ellos) a regresar?
4. ¿Cuándo da (el profesor) el examen de español?
5. ¿Qué por ciento de propina das en un restaurante?

J. *Answers vary.*

K. 1. (Yo) hablo inglés y español.
2. Alonso necesita unos dólares.
3. (Ellos) desean estudiar contabilidad, matemáticas y computación.
4. Buscamos una farmacia.
5. ¿Adónde vas (va Ud.) hoy?
6. ¿Cuál es la dirección del restaurante?

LECCIÓN 2

A.
1. F
2. C
3. F
4. F
5. F
6. C
7. C
8. C
9. F
10. F

B.
1. venden
2. lees
3. comen
4. vivo
5. escribimos
6. deben
7. entiende
8. ven
9. correr
10. abren

C.
1. Vivo en...
2. Deseo comer en...
3. Leemos...
4. (Ellos) abren el correo...
5. Debe (Debes) estudiar las páginas...

D.
1. ¿Comen los Durán en casa?
2. ¿Describes tú el problema correctamente?
3. ¿Acepta el restaurante cheques de viajero?
4. ¿No damos nosotros un paseo hoy?
5. ¿Es Rogelio mecánico?

E.
1. ¿Cómo te llamas? (¿Cómo se llama usted?)
2. ¿Dónde vives (vive usted)?
3. ¿Cuál es el número de tu (su) teléfono?
4. ¿Qué estudias (estudia Ud.)?
5. ¿Cuándo asistes (asiste Ud.) a clases?
6. ¿A quién deseas (desea Ud.) conocer?

F.
1. a
2. x
3. a
4. a
5. a

G.
1. ¿Sabes la lección de hoy?
2. ¿Sabes manejar?
3. ¿Conoces a la hermana de Rosalía?
4. ¿Sabes la hora?
5. ¿Conoces los países de la América Central?
6. ¿Sabes que mañana es el cumpleaños de Gustavo?
7. ¿Conoces el restaurante Dos Amigos?

H. Residence $120,000. 50% down payment, the rest with easy payments; main bedroom, 22' × 21', 2 walk-in closets and a marble Jacuzzi for two people, 3 baths, steam sauna, den with fireplace, living room, dining room, laundry, two-car garage, intercom and wet-bar. Vista del Sol area. Call 4-65-38-92. I'll accept reasonable offers.

I. *Answers vary.*

J. 1. ¿Dónde debo esperar a los estudiantes?
2. Escuchamos, hablamos, leemos y escribimos en la clase de español. Aprendemos mucho.
3. ¿Por qué no ves a la profesora Flores? Ella sabe explicar el problema. ¿De acuerdo?

LECCIÓN 3

A.
1. la espalda
2. la mano
3. el ojo
4. la garganta
5. los labios
6. el cuello
7. los dedos del pie
8. el pecho
9. la pierna
10. el brazo

la oreja
el oído
la muela
el corazón
la sangre

B. *Answers vary.*

C.
1. Cecilia es otra estudiante española.
2. Ella lee tres artículos aburridos.
3. Conrado es mi buen amigo salvadoreño.
4. Hay varias mesas desocupadas aquí.
5. Construyen pocas casas de ladrillo en el campo.

D.
1. está
2. son
3. está
4. son
5. está
6. estamos
7. es
8. eres
9. estar
10. son

E.
1. es
2. está
3. está
4. es
5. es
6. es
7. es

F. *Answers vary.*

G.
1. Juliana y Emiliano están enfermos, ¿no? (¿verdad?)
2. ¿A qué hora es su (tu) cita con el médico (doctor)?
3. ¿De quién es el bolígrafo? Es de Ana.
4. ¿De qué son las fajitas? Son de pollo.
5. Perdón, ¿dónde está la embajada norteamericana?
6. Miriam está sensible hoy.
7. El señor Quirantes es de Nicaragua, pero (él) está en Miami ahora. Él es profesor de matemáticas.
8. La iglesia está cerca, a la izquierda.
9. ¡Salud!

LECCIÓN 4

A. 1. Los pantalones son de Miguel.
    2. El traje de baño es de Paco.
    3. Los (zapatos de) tenis son de Conchita.
    4. La cartera es del Sr. Marrerro.
    5. El vestido es de Sara.

B. *Answers vary.*

C. 1. …entiende…
    2. …quieren…
    3. …prefiere…
    4. …Duermo…
    5. …almuerzan…

D. 1. Brenda recuerda la dirección de los Ferrer, ¿no?
    2. ¿Prefieres ir al cine?
    3. Nosotros queremos conocer al Sr. Estrada.
    4. ¿Cuánto cuestan las camisetas de algodón?
    5. Diana y Sonya juegan al sóftbol los sábados.

E. 1. se prueba
    2. lavamos
    3. se despiertan
    4. pones
    5. se casa

F. 1. Me levanto
    2. Me lavo
    3. Me pongo
    4. Me siento
    5. me voy
    6. Estoy
    7. almuerzo
    8. juego
    9. Me divierto
    10. regreso

G. 1. Se levanta
    2. Se lava
    3. Se pone
    4. Se sienta
    5. se va
    6. Está
    7. almuerza
    8. juega
    9. Se divierte
    10. regresa

H. 1. One works (we work) much here in the summer.
    2. They sell newspapers at the newsstand.
    3. You (one) can't eat in the library.
    4. Does one enter through here or through there?
    5. Do not enter.

I. *Answers vary.*

J. 1. Quiero probarme los pantalones blancos y la camisa azul.
    2. ¿Cuánto cuesta la gorra roja? Es muy barata.
    3. Nosotros siempre nos levantamos a las seis y media de la mañana, (nos) desayunamos y (nos) vamos a trabajar (al trabajo).
    4. ¿A qué hora empiezan a llegar las invitados?

5. Buenas tardes, ¿en qué puedo servirle?
6. ¿Prefiere Ud. (el) algodón, (la) lana o (la) seda?
7. Ellos piensan ir al teatro y después al club.
8. ¿Le gusta la chaqueta de cuero? Le queda bien.

LECCIÓN 5

A.
1. llego
2. me especializo
3. voy
4. hago
5. dice
6. pide
7. doy
8. pregunta
9. pienso
10. contesto
11. sé
12. tengo
13. hacer
14. es
15. me quedo
16. está
17. pregunta
18. declarar
19. traigo
20. está
21. puedo
22. me voy

B.
1. Mi madre quiere ir al teatro.
2. Tus primos se divierten mucho.
3. Lo siento, pero no tengo su visa.
4. Nuestro hijo se casa en junio.
5. Nuestras clases comienzan a fines de agosto.

C.
1. Son sus pantalones. Son los pantalones de él.
2. Es su bolsa. Es la bolsa de ella.
3. Es su cartera. Es la cartera de él.
4. Son sus maletas. Son las maletas de ellos.

D.
1. Sí, (No, no) quiero ver sus (tus) fotos.
2. Sí, (No, no) tengo mis llaves.
3. Sí, (No, no) esperamos a nuestros amigos.
4. Sí, (No, no) doy un paseo con mi perrito.
5. Sí, (No, no) buscamos nuestro coche.

E.
1. pides / pido...
2. piden / (Ellos) piden...
3. piden / (Nosotros) pedimos...

F.
1. preguntas
2. piden
3. pedir
4. preguntar

G.
1. siguen / Seguimos
2. siguen / Siguen
3. sigues / Sigo
4. sigue / Sigue
5. sigue / Sigo

H.
1. Si ellos salen... yo salgo
2. Si tú te pones... yo me pongo

3. Si Uds. traen… yo traigo
4. Si Miriam y tú hacen… yo hago…
5. Si Marcelino dice… yo digo…
6. Si ellos vienen… nosotros venimos

I.
1. Tengo mucho calor.
2. Tenemos frío.
3. tiene sed
4. tienen que estudiar el vocabulario.
5. Sí, tengo ganas de dar un paseo.
6. tienes razón.
7. tengo diez y nueve.
8. tenemos miedo.
9. tienen (mucha) hambre.
10. tengo prisa

J. *Answers vary.*

K.
1. Bienvenidos a los Estados Unidos. ¿Cómo están Uds.?
2. ¿Cuánto tiempo piensan (Uds.) estar aquí?
3. Vamos a quedarnos una semana con nuestra familia.
4. Adelante, por favor. No tiene(n) que hacer cola.
5. Digo que ellos no tienen razón.
6. ¡No se preocupe! Tengo cuidado cuando manejo.
7. Primero, hago mis maletas y después me despido de mis amigos.
8. Aquí tiene sus comprobantes, pasajes (boletos) y tarjeta de embarque. ¡Que le vaya bien!

LECCIÓN 6

A.
1. ducha
2. bombilla
3. inodoro
4. agua
5. ropero
6. lámpara
7. cortinas
8. acondicionado
9. cama
10. teléfono

B.
1. está
2. hablando
3. la recepcionista
4. moderados
5. Bienvenido
6. servirle
7. una reservación
8. buscando
9. encuentra
10. pidiendo
11. llegó
12. puede
13. piso
14. incluido
15. gracias

C.
1. Tomasita está haciendo la tarea.
2. María Luz y Andrés están jugando a las cartas.
3. Papá se está durmiendo (está durmiéndose) en la butaca.
4. Mamá está leyendo el periódico.
5. (Yo) estoy escuchando música.

D.
1. …ese ascensor
2. …estas escaleras
3. …Esa llave…
4. …estos avisos
5. …aquellas cortinas

E.
1. …este televisor / ¿Ése?…
2. …estas lamparas / ¿Ésas?…
3. …este inodoro / ¿Ése?…
4. …estos teléfonos / ¿Ésos?…
5. …esta ducha / ¿Ésa?…

F.
1. desperté
2. levanté
3. bañé
4. lavé
5. bajé
6. saludé
7. Desayuné
8. repasé
9. practiqué
10. manejé
11. llegué
12. estacioné
13. caminé
14. entré
15. senté
16. empecé
17. esperé

G.
1. salieron
2. comieron
3. pidieron
4. divirtieron
5. volvieron
6. vistieron
7. corrieron
8. siguieron
9. leyeron
10. oyeron
11. subieron
12. durmieron

H. *Answers vary.*

I. *Answers vary.*

J.
1. ¿A nombre de quién?
2. Están buscando la reservación de Ernesto.
3. No hay agua caliente y el inodoro está roto.
4. Pidió una habitación sencilla con baño particular.
5. Saqué unas fotos de esos lugares impresionantes.
6. A veces cuando estoy de vacaciones manejo a las montañas porque me fascinan mucho.
7. Comimos con Rita anoche. Ella sirvió unas tapas deliciosas: chorizo, jamón, quesos, aceitunas y tortilla.

LECCIÓN 7

A.
1. el ajo — C
2. el arroz… — PP
3. el mousse… — P
4. el orégano — C
5. los frijoles — V
6. el jamón… — PP
7. la lechuga — V
8. el pastel… — P
9. las chuletas — PP
10. el aceite… — C
11. el dulce… — P
12. el pescado… — PP
13. los garbanzos — V
14. la canela — C
15. las habichuelas — V

B.
1. dimos
2. Hizo
3. fueron
4. viste
5. Hicieron

C. *Answers vary.*

D.
1. …di de comer.
2. …dieron un paseo.
3. …dio las gracias.
4. …dimos prisa.

E.
1. tuve
2. quise / pude
3. estuve / dormí
4. supe / vino
5. trajo
6. di
7. dije

F. *Answers vary.*

G.
1. Tú eres más prudente que yo. Eres menos agresiva.
2. Los Cruz son más divertidos que los Salas. Son menos aburridos.
3. Somos más conservadores que los Villanueva. Somos menos liberales.
4. Esta comida es más sabrosa que ésa. Ésta es mejor que ésa.
5. Beatriz tiene más calor que Hortensia. Tiene menos frío.

H.
1. Juliana es tan generosa como su hermano. Es tan espléndida como… Es tan hospitalaria como…
2. Los Chacón son tan responsables como los Aragón. Son tan comprensivos como… Son tan cordiales como…
3. Este huracán es tan fuerte como el del 89. Es tan destructivo como… Es tan devastador como…
4. Nosotros somos tan aventureros como ellos. Somos tan intrépidos como… Somos tan determinados como…

I. Tú compraste…
1. tantas manzanas como yo.
2. tantos plátanos como yo.
3. tanto arroz como yo.
4. tantos tomates como yo.

5. tanto jamón como yo.
6. tantas cebollas como yo.
7. tanta carne como yo.
8. tanto pescado como yo.
9. tantos ajos como yo.

J.
1. tenedor
2. pimienta
3. sal
4. plato
5. servilleta
6. vaso
7. copa
8. pan
9. cuchillo
10. cucharita
11. cuchara

K.
1. I came
2. I went
3. wine and fresh bread
4. I brought
5. white cheese
6. I washed a little
7. sat down to have lunch
8. delicious garlic soup
9. roasted chicken
10. mashed potatoes
11. lettuce
12. to taste
13. ham
14. I couldn't
15. I ate (had) lunch
16. I had to leave
17. I drank
18. I continued conversing
19. I saw
20. I rested

L. Ayer Rodrigo vino … fue … trajo … le gusta … llegó … se lavó … se sentó … tomó … comió (*or* quiso) pudo … almorzó … tuvo … tomó … siguió … vio … descansó …

M.
1. Elisa es mayor que Jacobo. Ella es la mejor de la familia.
2. La señora Arenas dio más de quince mil dólares a la escuela. Es la donadora más generosa.
3. No tuvimos que pagar tanto como Melisa y Catarino por la cena.
4. Este pastel es malo pero ése (aquél) es peor.
5. Esta comida es menos picante que ésa.
6. Necesito comprar un kilo de jamón, medio kilo de arroz, dos kilos de papas, una docena de naranjas, pan y queso.

LECCIÓN 8

A. Carnes = C   Frutas = F   Bebidas = B

1. B
2. C
3. F
4. B
5. F
6. C
7. B
8. C
9. C
10. B
11. F
12. B
13. C
14. F
15. C
16. B
17. B

B.
1. está crudo
2. está muy dulce
3. no pedí eso
4. dije revueltos…
5. está fría
6. esto está sucio
7. ¡Buen provecho!

C. *Answers vary.*

D.
1. Era
2. vivíamos
3. Había
4. asistía
5. aprendía
6. caminaba
7. iba
8. pescaban
9. traían
10. estábamos

E.
1. … nació …
2. … era …
3. … asistía … conoció …
4. Se enamoró … se casó
5. … se mudaron …
6. … conocían …
7. … abrieron …
8. … pudieron …
9. … eran … no quisieron …
10. Sabían … podían …
11. … comenzaron …
12. … tuvieron … pusieron …

F.
1. Nos divertimos
2. Alquilamos
3. salimos
4. Tomamos
5. comenzamos
6. iba
7. se rompió
8. tuvimos
9. esperábamos
10. decidimos
11. podíamos
12. eran
13. vino
14. cambió
15. Seguimos
16. llegamos
17. Fuimos
18. conversaba
19. daba (di)
20. asistimos
21. comimos
22. bailamos
23. se ganó

G. *Answers vary.*

H.
1. Buenos Aires es tan grande como Chicago. La capital argentina tiene más de tres millones de habitantes.
2. Mientras Amelia estaba en Buenos Aires ella vio la ópera de Mozart *Don Giovanni*. Le gustó mucho esa ópera.
3. Perdón, pedí sopa de cebolla, bistec medio asado, habichuelas y papas y no coctel de camarones y langosta.
4. Anoche quise dormirme, pero no pude. Luego supe que el café que tomé no era descafeinado.

5. Nuestras vacaciones generalmente duraban dos semanas. Frecuentemente nos quedábamos en hoteles cerca del mar. Allí nadábamos, esquiábamos y buceábamos y nos divertíamos con nuestra familia.

LECCIÓN 9

A.
1. llamó
2. preguntó
3. envió
4. pidió
5. estaba
6. atrasó
7. dijo
8. comprendía
9. necesitaba
10. calmó
11. aseguró
12. salió

B.
1. le
2. comunicarse
3. deseado
4. que
5. contestar
6. marcó
7. Ésta
8. la
9. únicos
10. necesita
11. su
12. donde

C.
1. ¿Me llamas por teléfono?
   Sí, (No, no) te llamo por teléfono.
2. ¿Me esperas unos minutos?
   Sí, (No, no) te espero unos minutos.
3. ¿Me recoges en casa?
   Sí, (No, no) te recojo en casa.
4. ¿Me ayudas con la tarea?
   Sí, (No, no) te ayudo con la tarea.
5. ¿Me invitas al cine.
   Sí, (No, no) te invito al cine.

D.
1. ¿Pudiste usar la computadora?
   Sí, (No, no) pude usarla. *or* Sí, (No, no) la pude usar.
2. ¿Quisiste ver al gerente?
   Sí, (No, no) quise verlo. *or* Sí, (No, no) lo quise ver.
3. ¿Quisieron (Uds.) examinar las cuentas?
   Sí, (No, no) quisimos examinarlas. *or* Sí, (No, no) las quisimos examinar.
4. ¿Tuviste que llamar a los clientes?
   Sí, (No, no) tuve que llamarlos. *or* Sí, (No, no) los tuve que llamar.
5. ¿Tuvieron (Uds.) que enviar los pedidos?
   Sí, (no, no) tuvimos que enviarlos. *or* Sí, (No, no) los tuvimos que enviar.
6. ¿Pudiste reparar la máquina?
   Sí, (No, no) pude repararla. *or* Sí, (No, no) la pude reparar.

E.
1. a. Armando le mandó una invitación al dueño.
   b. Armando sent an invitation to the owner.
2. a. ¿Pudiste traducirme la carta?
   b. Did you manage to translate the letter for me?

3. a. Te regalamos las revistas.
   b. We gave you the magazines (as a gift).
4. a. Les presté los cassetes de música española a los profesores.
   b. I lent the Spanish music cassettes to the professors.
5. a. La compañía no quiso devolverle el dinero a él.
   b. The company refused to return the money to him.

F. 1. ¿Me traes el diccionario?
   Sí, te traigo el diccionario.
2. ¿Me enseñas la tarea?
   Sí, te enseño la tarea.
3. ¿Me dices las respuestas?
   No, no te digo las respuestas.
4. ¿Me regalas el lápiz?
   Sí, te regalo el lápiz.
5. ¿Me das la calculadora?
   Sí, te doy la calculadora.
6. ¿Me devuelves los informes?
   Sí, te devuelvo los informes.

G. 1. … Ya te lo traje.
2. … Ya te la enseñé.
3. … Ya te las dije.
4. … Ya te lo regalé.
5. … Ya te la di.
6. … Ya te los devolví.

H. 1. … Ya se lo traje.
2. … Ya se la enseñé.
3. … Ya se las dije.
4. … Ya se lo regalé.
5. … Ya se la di.
6. … Ya se los devolví.

I. 1. Nos gusta el fútbol, pero no nos gustan las carreras de auto.
2. ¿Te interesan las islas, pero no te interesa el desierto?
3. Les parecen caras las sandalias, pero no les parecen caros los zapatos.
4. Le gusta viajar, pero no le gustan los hoteles.

J. *Answers vary.*

K. 1. Anoche José Luis buscó el número.
   Descolgó el teléfono.
   Oyó el tono.
   Marcó el número.
   Preguntó si su amigo estaba en casa.
   Supo que su amigo no estaba.
   Dejó un recado.
   Colgó el teléfono.
2. *Answers vary.*

L.
1. No nos dieron las entradas del teatro.
2. ¿El pedido? Se lo envié la semana pasada.
3. ¿Las tijeras? ¿A quién se las prestaste?
4. Quise llamarlos a pagar allá (por cobrar), pero ellos no quisieron aceptar la llamada.
5. El mecánico revisó la transmisión, pero no pudo repararla esta mañana.
6. Mis abuelos me regalaron un (bonito) suéter (bonito) de lana, pero tuve que devolverlo a la tienda porque era (estaba) muy pequeño.

LECCIÓN 10

A.
1. d
2. c
3. b
4. d
5. d
6. c

B.
1. cierren
2. no pongan
3. apaguen
4. no peleen
5. no vean
6. den
7. no toquen
8. sean
9. no corran
10. no permitan

C.
1. Sí, levántense.
2. Sí, siéntense.
3. Sí, preocúpense.
4. Sí, tráiganla.
5. Sí, sáquenlas.
6. Sí, páguenla.
7. Sí, dénselo.
8. Sí, dénselas.

1. No, no se despierten.
2. No, no se sienten.
3. No, no se preocupen.
4. No, no la traigan.
5. No, no las saquen.
6. No, no la paguen.
7. No, no se lo den.
8. No, no se las den.

D.
1. pueda
2. llames
3. hacemos
4. escriban
5. regrese
6. están
7. vengan
8. llegues

E. trabaje ... lea ... conteste ... prepare ... haga ... vaya ... busque ... comprenda ... acepte

F.
1. Sí, quiere que trabaje más.
2. Quiere que lea todas sus cartas.
3. Prefiere que prepare el almuerzo al mediodía.
4. Quiere que haga café.
5. Tiene que ir de compras.
6. (Ella) cree que es sirvienta.
7. No, no quiere seguir trabajando para el Sr. León.
8. Es necesario que ella busque otro empleo.
9. Espera que comprenda sus razones y acepte su renuncia.
10. Creo que es injusto.
11. No, no siento que se vaya.
12. No deseo trabajar para el Sr. León porque...

G. 1. a. (Yo) quiero abrir la carta.
       b. (Yo) quiero que (tú) abras la carta.
    2. a. Lila prefiere caminar.
       b. Lila prefiere que caminemos.
    3. a. Me alegro de estar aquí.
       b. Me alegro de que estés aquí.
    4. a. Esperamos que (Uds.) descansen un poco.
       b. Esperamos descansar un poco.
    5. a. Siento llegar tarde.
       b. Siento que ellos lleguen tarde.
    6. a. (Ellos) quieren comer más.
       b. Quieren que comamos más.
    7. a. Prefiero que (tú) vayas a la tienda.
       b. Prefiero ir a la tienda.
    8. a. Es necesario devolver los videos antes de las ocho.
       b. Es necesario que Manolo devuelva los videos antes de las ocho.

H. Answers vary but the subjunctive forms should be:

   compren / traigan / busquen / pidan / consigan

   1. Busque la carta y lea lo que Benito dice.
   2. ¡Levántense! ¡No se sienten!
   3. Quiero que (ellos / ellas) bajen los precios.
   4. Esperamos que (ellos / ellas) visiten Chapultepec.
   5. Temen que Esperanza no se acostumbre a una ciudad más grande.
   6. Siento que Ada esté enferma. Espero que ella se mejore pronto.
   7. Claro, puedo ayudar. Dígame lo que quiere que (yo) haga.
   8. Me alegro de que se reúnan con sus amigos frecuentemente.

LECCIÓN 11

A. 1. g   6. h
   2. b   7. j
   3. i   8. e
   4. a   9. f
   5. d   10. c

B. 1. estaba   6. efectivo   11. por
   2. cambiar   7. le   12. le
   3. pesetas   8. viajero   13. mitad
   4. al   9. cuánto   14. billetes
   5. le   10. le   15. firmó

C.
	yo	el / la profesor/a	mis amigos
1.	Viviré…	Vivirá en…	Vivirán en…
2.	Trabajaré en…	Trabajará en…	Trabajarán…
3.	Tendré…	Tendrá…	Tendrán…

	4.	Querré...	Querrá...	Querrán...
	5.	Iré...	Irá...	Irán...
	6.	Haré...	Hará...	Harán...
	7.	Podré...	Podrá...	Podrán...
	8.	Diré que...	Dirá que...	Dirán que...

D.
1. Cambiarán los cheques de viajero.
2. El banco nos prestará el dinero.
3. Abriremos una cuenta de ahorros.
4. Querrán que paguemos en efectivo.
5. Haré los pagos a principios de mes.

E. *Answers vary.*

F.
1. Los niños tendrían hambre.
2. Me gustaría el bistec medio asado.
3. Estefanía dijo que vendría a los Estados Unidos en el verano.
4. ¿Podrían verme mañana por la mañana?

G.
1. para
2. X
3. por
4. para
5. por
6. X
7. para
8. por
9. para
10. por
11. por
12. por

H.
1. Sí, son para ella.
2. Sí, es para él.
3. Sí, son para ellos.
4. Sí, es para ti.
5. Sí, son para nosotros.

I.
1. Sí, me preocuparé por ella.
2. No, no me mudaré lejos de ellos.
3. No, no me casaré con él.
4. No, no trabajaré para ella.
5. Sí, hablaré contigo por teléfono de vez en cuando.
6. Sí, podrás pasar las vacaciones conmigo.

J. *Answers vary.*

K. *Answers vary.*

L.
1. Pensaba en ella y no en él.
2. ¿Me cobrarían demasiado?
3. Beatriz prefiere ir de compras contigo (con usted) y no conmigo.
4. ¿Les echaste al correo (Les enviaste) el paquete ya?
5. El (La) cajero (a) quiere que firme(s) los cheques.

LECCIÓN 12

A. 1. c 2. d 3. e 4. a 5. b

B.
1. mundo
2. Aunque
3. sin
4. gran
5. casarse
6. atrae
7. gustan
8. escritores
9. Algunas
10. mejores

C.
1. ¿Por qué ha trabajado en ese lugar?
   He trabajado…
2. ¿A qué universidad ha asistido?
   He asistido a…
3. ¿En qué se ha especializado?
   Me he especializado en…
4. ¿Cuántos días ha perdido de trabajo?
5. ¿A quiénes les ha pedido cartas de recomendación?
6. ¿Qué innovación significativa ha hecho en su último empleo?

D.
1. Tito había llegado antes a la clase.
2. Rita y Bruno habían escrito en la pizarra.
3. Nadie había visto la película *Don Quijote*.
4. Alejo y yo habíamos dicho el diálogo.
5. Yo había terminado el examen más temprano.

E.
1. Nadie te resolverá el problema.
2. Nada bueno nos pasará.
3. Nunca celebro mi cumpleaños.
4. Tampoco me han escrito.
5. Ninguna de las jóvenes ha estudiado.

F.
1. No te resolverá nadie el problema.
2. No nos pasará nada.
3. No celebro nunca mi cumpleaños.
4. No me han escrito tampoco.
5. No ha estudiado ninguna de las jóvenes.

G.
1. Dimos un paseo también.
2. ¿Ha hecho alguien la comida?
3. Siempre me gano algo.
4. Algunos de ellos han devuelto las cosas.

H.
1. Arranca el motor.
2. Sal despacio.
3. Ten cuidado.
4. Pon la señal de doblar.
5. Dobla a la derecha.
6. Ve hasta la señal de stop.
7. Para.
8. Estaciona el carro.

I. 1. ciérrala   no la cierres
    2. ponlo   no lo pongas
    3. velas   no lo veas
    4. recógelos   no los recojas
    5. tráelos   no los traigas
    6. díselo   no se lo digas
    7. devuélveselos   no se los devuelvas
    8. préstamela   no me la prestes
    9. enséñanoslas   no nos las enseñes
   10. dámela   no me la des

J. 1. a   9. a
    2. a   10. b
    3. b   11. a
    4. c   12. a
    5. a   13. a
    6. b   14. b
    7. a   15. a
    8. c

K. *Answers vary.*

L. 1. Paco, no olvides que tenemos un compromiso esta noche. Es la despedida de Elsa en el club y todo el mundo va a ir.
    2. ¿Has visto algunas de las películas de Cantinflas? —No, no las he visto, pero mis padres han visto algunas.
    3. ¡Dios mío! Nadie le ha dicho nada a Pepe, y hoy es su cumpleaños. Creo que cumple treinta y nueve.
    4. Oye, Carlito, ¡cálmate y pórtate bien! No quiero que nadie se queje de ti.
    5. Le toca a Tere. Ella no ha escrito nada en la pizarra todavía.

LECCIÓN 13

A. | | acuerdo | desacuerdo | | acuerdo | desacuerdo |
    |----|---------|------------|----|---------|------------|
    | 1. | X | | 7. | | X |
    | 2. | X | | 8. | X | |
    | 3. | | X | 9. | X | |
    | 4. | | X |10. | | X |
    | 5. | | X |11. | X | |
    | 6. | X | |12. | | X |

B. *Answers vary.*

C. **Preguntas**
    1. F   4. C
    2. C   5. F
    3. C

   Opiniones: *Answers vary.*

D. 1. ... esté ... / ... está ... / ... esté ...
2. ... esté ... / ... esté ... / .... está ...
3. ... está ... / ... está ... / ... esté ...
4. ... está ... / ... está ... / ... esté ...
5. ... esté ... / ... esté ... / ... esté ...

E. 1. Estoy seguro/a de que tiene techo nuevo.
2. No creo que pongan otro aire acondicionado inferior.
3. No es probable que se llene de agua con las lluvias.
4. Dudo que sean altos.
5. No creo que se queden con la estufa y el refrigerador.
6. No hay duda que harán todas las reparaciones.

F. 1. ¿Necesitan Uds. un empleado que escriba a máquina bien?
2. Ellos buscan un restaurante donde sirvan (se sirva) comida criolla.
3. No hay nadie que sepa la respuesta.
4. Conozco personalmente al candidato que ganó las elecciones pasadas.
5. ¿Hay algo que les guste a Uds. aquí?
6. ¡Lo sentimos, pero no hay nada que nos guste!
7. Necesito una loción que me proteja del sol.
8. ¡Caramba! No conozco a nadie que olvide tantas cosas como tú.

G. 1. Aquí tienes el teléfono mío.
2. No hemos recibido las cartas tuyas.
3. Leíste las instrucciones nuestras.
4. Hablábamos con la hija suya.
5. ¿El carnet de Pedro? No, no he visto el suyo.

H. 1. Sí, son suyas.
2. Sí, es suyo.
3. Sí, son suyas.
4. Sí, es suya.
5. Sí, son míos.
6. Sí, es tuya.

I. 1. a. incluir
    b. unirse
    c. dar por bueno
    d. llamar a una reunión
    e. excepto
2. Sí, creo que el Congreso apoye el paro.
3. Sí, dudo que sean cordiales porque ...
4. Sí, estoy seguro/a de que suspende las tareas legislativas.
5. No será posible que entren y salgan los vuelos normales el día 18.
6. No habrá ningún periódico ni diario que se publique ese día.

J. *Answers vary.*

K. 1. Los líderes de nuestro partido político apoyan un nivel de vida más alto para todos.
    2. Sin embargo, dudo que los otros candidatos cumplan todas sus promesas.
    3. No hay nadie que pueda resolver todos los problemas del país en un santiamén.
    4. No creo que el gobierno reduzca (baje) nuestros impuestos este año. Creo que los aumentará (subirá).
    5. Por una parte lo que necesitamos es menos contaminación y por la otra, más reciclaje.

LECCIÓN 14

A. Figuras eminentes
    1. El Greco pintó temas religiosos.
    2. Velázquez pintó cuadros con diferentes perspectivas.
    3. Falla compuso *Iberia*.
    4. Rivera pintó (se destacó) por sus pinturas murales.
    5. Cervantes escribió *Don Quijote de la Mancha*.
    6. Domingo canta arias.
    7. Goya pintó escenas de guerra.
    8. Matute es una gran novelista contemporánea.

B. (Suggested translation—answers will vary.)

   Simple Verses

   I am a sincere man
   from where the palm tree grows,
   and before I die, I want to pour out
   my verses from my soul.

   Everything is beautiful and constant,
   all is music and reason
   and everything, like the diamond,
   before it is light, it is coal.

C. 1. Te daré el dinero para que...
       compres algo.
       pagues la cuenta.
       hagas las compras.
       vayas a...
       traigas...
    2. Hablaremos con los Pujol antes que ellos...
       salgan de casa.
       contesten la carta
       se acuesten
       se muden
       vendan...
    3. ¡Uy!, ese muchacho no hace nada sin que yo se lo...
       explique...
       diga...
       repita...
       mencione...
       ¿...?

    4. María Eugenia vendrá a la exposición con tal que nosotros la…
        invitemos…
        acompañemos.
        recojamos.
        traigamos…
        ayudemos.

D. *Answers vary.*

E. 1. Estudié hasta que me cansé.
       Voy a estudiar hasta que me canse.
    2. Comerán aunque no les guste.
       Comieron aunque no les gustó.
    3. Me divertía muchísimo cuando estaba contigo.
       Me divertiré muchísimo cuando esté contigo.
    4. Los llamaré tan pronto como llegué.
       Los llamé tan pronto como llegué.

F. 1. …(tú) juegues baloncesto.
    2. …(tú) aprendas más rápido.
    3. …comience.
    4. …vengas.
    5. …estorbe.

G. 1. … Escucháramos … / … (yo) escuchara …
    2. … escribiera … / … (ustedes) escribieran …
    3. … leyéramos … / … (tú) leyeras
    4. … conociera … / … (los muchachos) conocieran …
    5. … trajera … / (los Cruz) trajeran …

H. *Answers vary.*

I. 1. Si tuviera más tiempo iría a…
    2. Si pudiera… trabajaría en…
    3. Si preparara comida italiana… haría…
    4. Si fuera pintor… pintaría…
    5. Si estuviera de vacaciones… visitaría…
    6. Si necesitara consejos… hablaría con…
    7. Si comprara otro carro… sería un…
    8. Si encontrara una cartera con dinero trataría de…

J. *Answers vary.*

K. *Answers vary.*

L. 1. Iré al concierto con tal que vaya(s) conmigo.
    2. Le (Te) gustará mucho *Don Quijote* cuando lo lea(s).

3. Nuestro profesor de español quería que leyéramos el cuento en la lección doce y contestáramos todas las preguntas.
4. Dudaban que Picasso pintara *Guernica* sólo por el dinero.
5. Si yo fuera tú, no le diría nada a él ahora.
6. Conocimos a Plácido Domingo antes de que él viniera a los Estados Unidos.

ANSWER KEY TO THE *MANUAL DE LABORATORIO*

CONVERSACIÓN DIARIA A

C.
M. Carmen	25	Tomás	15
Miguel	13	M. Luz	9
J. Antonio	7	V. Eduardo	12
Cristina	30	E. Martina	18

CONVERSACIÓN DIARIA B

E.
1. cuarenta y tres
2. cincuenta y dos
3. ochenta y cuatro
4. setenta y seis
5. treinta y cinco

Dictado

G. La familia de Yolanda no es muy grande. La familia es de San José, Costa Rica. El hermano de Yolanda es estudiante. Los abuelos son muy simpáticos. Ellos son de España. Su primo Juanito es estudiante también. Todos son alegres en la familia de Yolanda.

Yolanda's family is not very large. The family is from San José, Costa Rica. Yolanda's brother is a student. The grandparents are very nice. They are from Spain. Her cousin Juanito is also a student. They are all happy (good natured) in Yolanda's family.

CONVERSACIÓN DIARIA C

H.
1. el doce de octubre
2. el nueve de julio
3. el dieciocho de octubre
4. el seis de enero
5. el veinticinco de diciembre

J.
1. 225
2. 642
3. 576
4. 915
5. 1.783 (1,783)

CONVERSACIÓN DIARIA D

E.
1. ganar
2. cada
3. tela
4. cena
5. exacto

F. 1. no 　　 5. no
　　 2. sí 　　 6. sí
　　 3. sí 　　 7. no
　　 4. no

Dictado

H. Soy <u>estudiante</u> de la <u>universidad</u> de Las Américas, en México. Aquí <u>hay</u> estudiantes de Latinoamérica, Europa, <u>África</u>, y <u>Asia</u>. El <u>programa</u> es rígido <u>con</u> pocas opciones. Las <u>facultades</u> son: filosofía y letras, ciencias y <u>comercio</u>. No <u>hay</u> librería ni <u>gimnasio</u>.

　　　La vida <u>social</u> es <u>aparte</u>. No <u>hay</u> equipos deportivos en la universidad excepto el <u>equipo</u> de <u>fútbol</u>.

　　　La universidad se fundó en el año <u>1968</u>. Hoy <u>tiene</u> más de <u>nueve</u> mil <u>quinientos</u> estudiantes.

CONVERSACIÓN DIARIA E
Dictado

F. Muy buenos días. Me llamo Virginia Miranda. Soy de Quito, Ecuador. Tengo el pelo negro y los ojos castaños. Estudio medicina en la universidad. Me gustan las clases, especialmente las clases de biología y de anatomía. Los sábados me gusta jugar al tenis con mis amigos. Estudio inglés más o menos en casa con unos discos. Escúcheme Ud. en inglés, por favor: El lápiz es amarillo *The pencil is yellow.* La pizarra es verde. *The chalkboard is green.* Es muy interesante, ¿no? Bueno, mucho gusto y adiós.

Good morning. My name is Virginia Miranda. I'm from Quito, Ecuador. I have black hair and brown eyes. I study medicine at the university. I like the classes, especially the biology and anatomy classes. On Saturdays I like to play tennis with my friends. I study English, more or less, at home with some records. Listen to me in English, please. The pencil is yellow. The chalkboard is green. It is very interesting, isn't it? Well, it is (has been) a pleasure and good-bye.

LECCIÓN 1

N. Me gusta mucho el verano. Tengo dos semanas de vacaciones. Paso unos días fantásticos en el Golfo de México. Tomo el sol y nado en la playa. Voy a los restaurantes y a las tiendas. No estudio, no trabajo y no cocino. Soy el perfecto vagabundo por unos días.

I like summer very much. I have a two week vacation. I am spending some fantastic days in the Gulf of Mexico. I sunbathe and I swim at the beach. I go to the restaurants and to the stores. I don't work and I don't cook. I am the perfect vagabond for a few days.

LECCIÓN 2

Answers on tape.

LECCIÓN 3

G. Muchas gracias por la bonita muñeca de Lladró. Me gusta mucho. La cara, los ojos y los labios son preciosos. Los colores grises y blancos son muy delicados. La muñeca está en un lugar de honor en casa. Estoy muy contenta con mi muñeca de España. Ustedes son muy amables.

1. Paula recibe una muñeca de Lladró.
2. No, la muñeca es bonita.
3. Paula describe la cara, los ojos y los labios.
4. Son preciosos.
5. Es blanca y gris.
6. Está en un lugar de honor en casa.
7. La muñeca es de España.
8. Los Velázquez son muy generosos.

LECCIÓN 4

Answers on tape.

LECCIÓN 5

1. Julie y Betty se especializan en español.
2. Piensan estudiar en Colombia el verano que viene.
3. Julie tiene ganas de estudiar clases de cultura y civilización y literatura.
4. Betty tiene que estudiar comercio.
5. Van a quedarse con unos tíos de Betty.
6. De lunes a viernes van a asistir a clases.
7. Piensan llevar a Betty y Julie a los museos y otros lugares históricos.
8. Quieren hacer unos viajes a otros centros turísticos.

LECCIÓN 6

H. Esta mañana me levanté a las seis y media. Me vestí y salí a correr. Corrí más o menos una hora, y luego regresé a casa. Descansé un poco, y jugué con el perro. Luego me bañé, y me vestí con ropa limpia. Después desayuné con mi familia. Más tarde asistí a las clases. Luego me quedé en la biblioteca para estudiar un poco con mis amigos. Aprendí mucho y me divertí también.

I. se levantó / se vistió / salió / Corrió / regresó / Descansó / jugó / se bañó / se vistió / desayunó / asistió / se quedó / Aprendió / se divirtió

LECCIÓN 7

J.
1. vinieron
2. llegaron
3. trajeron
4. hizo
5. preparé
6. hice
7. estuvo
8. comimos
9. tuvimos que
10. divertimos
11. dijimos
12. regresamos
13. tomamos
14. vimos
15. pasamos
16. se fueron

K.
1. Los Molina vinieron a cenar anoche.
2. Trajeron una botella de vino blanco.
3. Hizo el pescado más sabroso del mundo.
4. Dieron un paseo por el barrio.
5. Dijeron unos chistes graciosos.
6. Tomaron una tacita de café.
7. No, no fue una noche aburrida. / Fue una noche agradable y divertida.
8. Se fueron a las doce.

LECCIÓN 8

G. La comida norteamericana es improvisada y rápida. Mientras que los europeos toman tiempo en preparar la comida. Los norteamericanos quieren cocinar y comer en menos de una hora. En las casas no es raro encontrar un freezer o congelador con comidas que sólo necesitan calentarse en el horno. Sin embargo, los norteamericanos también saben preparar platos exquisitos. El Día de Thanksgiving, o acción de gracias, unos amigos me invitaron a cenar con ellos. Comimos el tradicional turkey o pavo asado con puré de patatas y otras legumbres. La comida estaba deliciosa y yo pensaba que era más nutritiva que sofisticada. En resumen, yo, como otros europeos, creo que los norteamericanos comen para vivir y no viven para comer.

1. cierto
2. falso
3. falso
4. cierto
5. falso
6. falso
7. falso
8. falso

LECCIÓN 9

J. Te Amo
¿Qué es lo que <u>me gusta</u> de ti?
<u>Me gusta</u> la forma en que <u>me miras</u>
<u>Me gusta</u> cuando suspiras

                         Y te amo

Me gusta cuando me llamas
<u>Me gusta cuando</u> me amas.

                         Y te amo

    <u>Me gusta</u> tu sonrisa
    <u>Me gustan</u> tus caricias

            Y te amo

    <u>Me gusta</u> tu ternura
    <u>Me gusta</u> tu dulzura

            Y te amo

    <u>Me gusta</u> … <u>Me gusta</u> …
    Me gustas tú.

            Y te amo.

L.
1. cierto
2. cierto
3. cierto
4. falso
5. cierto
6. cierto
7. falso
8. falso
9. falso
10. cierto

LECCIÓN 10

I.
1. falso
2. falso
3. cierto
4. cierto
5. cierto

LECCIÓN 11

K.
1. vivían
2. estaba
3. granizó
4. se quedó
5. el maíz
6. escribió
7. sembrar
8. leyeron
9. enviaron
10. la mitad
11. contó
12. se enfadó
13. se quedaron
14. equivocarse
15. otra vez

LECCIÓN 12

H.
1. orgulloso
2. ocupaba
3. ha pedido
4. ayude
5. estaría
6. jugaba
7. estaban empatados
8. iba a decidir
9. le tocaba
10. entrado
11. la pelota
12. se decía
13. Levantó
14. fuerza
15. ha pasado
16. se ha caído, se ha caído
17. sino
18. dormía
19. ha resultado
20. estaba furioso
21. había ganado

LECCIÓN 13

B. 1. b   4. c
2. a   5. b
3. c

I. Durante los tiempos coloniales los hispanoamericanos tuvieron poca oportunidad de aprender a gobernarse porque casi todos los administradores eran de España. Esto fomentó el paternalismo y el personalismo. Después de la independencia varios países, en busca de la estabilidad política, pasaron a manos de dictadores. No es raro que un pueblo, descontento con la discordia civil y la injusticia social siga a un líder que le prometa mejorar su condición. Lo malo es que luego ese pueblo termine dominado por un tirano.

LECCIÓN 14

Answers on tape.